중국어 천재가 된
홍 대리

중국어 천재가 된 홍대리

가 된

홍대리

딱 6개월 만에 중국어로 대화하는 법

문정아
지음.

다산
북

국내 최초 소설로 읽는 신개념 중국어 공부!
홍 대리와 문정아의 특급 만남 스토리

중국어라고는 '니 하오'밖에 모르지만 의욕만큼은 우주 최강 홍 대리! 그런 홍 대리를 친절하고 따뜻하게 이끌어주는 대한민국 넘버원 중국어 강사 문정아! 두 사람이 만들어내는 좌충우돌 유머 가득 중국어 정복기!
지루하고 딱딱한 중국어 교재는 잊어버리세요. 소설처럼 쉽고 재미있게 책장을 넘기다 보면 어느새 나의 중국어 실력도 쑥쑥 성장할 거예요.

 문법을 몰라도 입이 터지는 마법의 공식!
문정아와 함께하는 親중국어

아무리 배워도 말 한마디 못하는 암기식 공부법은 그만! 아기가 엄마의 말을 듣고 따라 하며 언어를 익히는 것처럼, 이제 중국어 공부도 '말'부터 시작하세요. 45만 중국어 초보자가 실력으로 증명한 문정아 중국어의 교육 노하우를 모두 담았습니다. 리듬을 타고 따라 하다 보면 나도 모르게 중국어가 술술~! 중국어 공부에 도움이 되는 콘텐츠와 학습 습관 관리법까지 한 권의 책으로 만나보세요.

감동 백배! 의욕 불끈!
문정아의 편지

독자들에게 보내는 진심 가득 응원의 메시지! 공부가 힘들 때마다 문정아의 편지로 마음을 꽉 다잡아보세요. 처음 중국어를 배우며 겪었던 시행착오와 십수 년간 중국어를 가르치며 깨달은 삶의 교훈이 담겨 있습니다.

이것만 알아도 회화 실력이 쑥쑥!
부록 1·2·3

본책에서 다루지 못한 일상 회화와 단어를 정리했습니다. '6개월 만에 왕초보 탈출 중국어 필수 회화 100'과 '실전에서 바로 통하는 중국어 비즈니스 회화 100', '현지에서 자주 쓰는 중국어 여행 회화·단어 100'까지! 총 300개의 상세한 예문을 통해 말하기 실력을 높일 수 있습니다.

 MP3 자료 다운로드 방법

❶ 스마트폰
··· 앱스토어나 플레이스토어에서 콜롬북스 어플을 다운로드
··· 콜롬북스에서 도서 검색
··· 원하는 콘텐츠를 다운 및 재생

❷ PC
문정아 중국어 홈페이지(www.no1hsk.co.kr) 우측 상단 '교재소개' 페이지 내 자료실(MP3)

오늘부터 저는 여러분의
중국어 엄마입니다!

따지아 하오大家好(안녕하세요, 여러분)! 문정아입니다.

저는 중국 유학 1세대로 스무 살에 중국으로 건너가 중국어를 배웠습니다. 제가 중국어를 공부했던 1990년대만 해도 중국어를 가르치는 곳도, 배우는 사람도 많지 않았습니다. 함께 유학을 갔던 유학생은 저를 포함해 열여덟 명 남짓이었고, 중국에 대한 인식도 그리 좋지 않았죠. 저 역시 중국이라는 나라를 잘 몰랐습니다. 텔레비전에서만 봤던 마오쩌둥과 그의 초상화가 걸린 인민광장, 즐비한 자전거 부대로 대변되는 미지의 세계일뿐이었습니다. 중국어 역시 마찬가지였습니다. 복잡한 한자로 가득한 글자들과 도무지 들리지 않는 낯선 발음 때문에 유학생활 내내 무척이나 애를 먹었습니다.

그 당시에 저는 살아남기 위해 정말 죽도록 열심히 중국어를 공부했습니다. 단어를 정리하고 외우다 지쳐 잠들기 일쑤였고, 입시

6

형태의 영어 공부법처럼 중국어도 문법과 문제 풀이 위주로 공부하다 보니, 중국어가 도무지 정복되지 않는 높은 산처럼 느껴졌습니다. 해도 해도 중국어가 늘지 않는 것 같을 때에는 속이 상해 애꿎은 사전을 내던지며 눈물로 밤을 새운 날도 많았습니다. 모르는 게 있을 때에는 창피함을 무릅쓰고 중국 교수님과 친구들, 선배들에게 찾아가 묻고 또 묻기를 반복했죠. 그렇게 긴 시간 시행착오를 겪고 주변 사람들의 진심 어린 조언을 들으며 '나만의 특별한 중국어 공부법'을 찾을 수 있었습니다. 이러한 경험은 중국어 강사가 되어 수십만 명의 제자를 가르치는 데에 좋은 밑거름이 되었습니다.

요즘은 참 많은 분이 중국어를 배웁니다. 유치원생부터 초·중·고등학생, 대학생과 직장인, 주부와 나이 지긋하신 시니어 분들까지 정말 다양한 분이 각자의 꿈을 안고 중국어에 입문합니다. 그만큼 중국어를 배울 수 있는 학원과 동영상 강의들도 넘쳐나고 있습니다.

하지만 또 그만큼 쉽게 포기하는 분들도 자주 보곤 합니다. 안 그래도 복잡해 보이는 언어인데, 처음부터 비효율적인 방법으로 공부하다 보니 입문 과정에서 주저앉는 경우가 많은 거죠. 모든 언어가 그렇듯 중국어 역시 무조건 열심히 파는 것보다는 정확한 길을 알고 꾸준히 익히는 것이 중요합니다. 입시를 준비하듯 진지하게 공부하지 말고, 긴장과 스트레스를 해소하면서 즐겁게 공부해보기 바랍니다. 그러다 보면 중국어는 어느새 친숙한 언어가 되어 있을 것입니다.

이 책의 주인공인 홍 대리는 저와 함께 중국어를 배우는 열혈 학생입니다. 그가 겪은 시행착오와 실패에 관한 경험담은 모두 제 자신과 제자들이 직접 겪고 느꼈던 일들입니다. 홍 대리는 특유의 낙관적인 성격과 유머러스함으로 슬럼프와 좌절을 극복하고, 중국어를 통해 더 넓은 세상으로 발을 뻗습니다. 저는 여러분이 이 책을 통해 홍 대리의 밝은 에너지를 전해 받아 신나게 중국어를 익혀나갔으면 좋겠습니다. 그런 마음을 가득 담아 정성껏 집필했습니다.

이 책을 통해 처음 중국어에 입문하는 분들이라면 가장 먼저 입부터 트이게 만들어보세요. 언어는 시험이 아닌 '소통'을 위해 존재하는 수단입니다. 아기들이 언어를 배울 때 문법을 공부하지 않듯이, 일단은 기본적인 문장부터 소리 내어 따라 하는 연습이 필요합니다. 이미 중국어를 어느 정도 배우신 분들이라면 지금까지의 중국어 공부법을 확인하고 점검하며, 다음 단계로 나아갈 수 있는 계기를 만들어보세요. 그토록 열심히 공부했는데 왜 정작 중국 사람을 만나면 말 한마디 못 꺼내는지, 아무리 외워도 왜 단어가 머릿속에서 자꾸만 사라지는지 그 원인을 정확하게 파악할 수 있을 것입니다.

배움의 길은 끝이 없습니다. 하지만 저는 이 책을 통해 중국어를 배우는 여정만큼은 즐겁게 만들어드리고 싶습니다. 저를 '중국어 엄마'라고 생각하세요! 아기가 엄마의 말을 따라 하듯이 한 문장 한 문장 천천히 따라오시면 됩니다. 무엇보다도 언어를 공부할 때 가장 큰 무기는 '자신감'입니다. 그런 의미에서 여러분도 홍 대리처럼 '몰라도 당당하게! 틀려도 신나게!' 긍정적이고 적극적인 자세로 중국어 공부에 임하셨으면 합니다. 자신이 이루고 싶은 이미지를 구체적으로 머릿속에 그리고, 꾸준하고 끈기 있게 익혀나간다면 중국어 정복이 그리 어려운 길만은 아닐 것입니다.

이 책을 준비하면서 지난 시간들을 되짚어보고, 함께했던 소중한 사람들과 순간들을 떠올렸습니다. 15년 넘게 학생들 앞에서 강의할 수 있음에 감사하고, 제 강의를 듣는 분들이 제 목소리와 행동 하나하나에 귀 기울이고 집중하던 그 순간들에 감사합니다. 또 홍 대리를 통해 독자 여러분과 소통하게 될 수 있음에 감사합니다. 이 책이 중국어를 익히는 데 큰 기동력이 되어 미래를 준비하는 여러분에게 도움이 될 수 있기를 기대해봅니다.

지금의 제가 있기까지 기쁠 때나 슬플 때나 제 곁에서 응원을 아끼지 않아준 사랑하는 남편과, 저의 에너지를 가득 충전시켜주는 사랑스러운 두 딸, 고마운 가족과 친구들, 그리고 저의 부족한 글을 값지고 멋지게 다듬어주신 다산북스 관계자 여러분, 스토리베리 대표님과 팀장님, 그리고 밤낮으로 열심히 대한민국의 중국어 교육을 이끌어가기 위해 콘텐츠를 개발하고 연구하는 문정아중국어연구소의 장성아 과장 및 임직원 여러분에게 감사의 말씀을 전하고 싶습니다. 끝으로 저를 대한민국에서 가장 믿을 수 있는 중국어 강사로 만들어주신 수많은 수강생 분들께 진심으로 감사를 드립니다.

문정아 文井我

1부
중국어의 큰 문이 열리다
뭐가 두렵죠? 큰소리로 입부터 떼세요!

2부
저절로 말문이 터지는 마법의 공식
문법을 몰라도 매일 쓰는 그 말, 할 수 있어요!

중국어가 일취월장하는 고효율 공부 습관

매일, 조금씩 어제의 나보다 더 나아지세요!

4부
중국어 공부, 즐겁게 계속하자
실력이 쌓이는 만큼 기회의 폭도 넓어질 거예요!

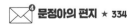

중국어란?

중국은 넓은 영토만큼이나 다양한 방언이 존재합니다. 그래서 같은 중국인들조차도 의사소통이 어려운 경우가 종종 발생합니다. 중국어는 일반적으로 중국 인구의 90퍼센트를 차지하는 '한족'이 사용하는 언어를 가리키며, 이를 '한어'라고 부릅니다.

현재 중국에서는 베이징 발음을 표준으로 하고 북방방언을 기초로 한 '보통어(푸통화)'를 표준어로 사용하고 있습니다.

 ## 번체자와 간체자

우리나라에서 쓰는 한자와 중국에서 쓰는 한자는 생김새가 조금 다릅니다. 중국에서는 복잡한 한자를 빠르게 쓰기 위해 획을 간략하게 줄인 '간체자'를 사용합니다. 우리가 학창시절에 배웠던 한자는 '번체자'로, 간체자는 번체자에 비해 쓰기가 간편하고 배우기도 쉽다는 장점이 있습니다.

중국어의 발음 구조

중국어 책을 보면 한자 아래에 영어 알파벳이 쓰여 있는데요. 이는 중국어의 발음 기호로 '한어병음'이라고 합니다. 한자는 뜻만 있을 뿐 읽는 법은 알 수 없기 때문에 알파벳으로 발음을 표시합니다. 한어병음은 '운모'와 '성모', '성조'로 이루어져 있습니다. 자세한 의미는 본문에서 직접 따라 해보며 배워보기로 해요.

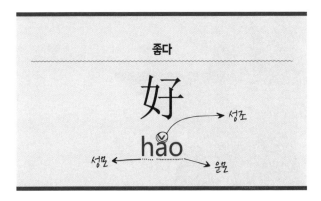

★ 운모
  우리말의 모음과 같은 개념으로 기본모음 6개와 33개의 모음결합으로 구성된다.

★ 성모
  우리말의 자음과 같은 개념으로 총 21개로 구성된다.

★ 성조
  한자 고유의 음절 높낮이로 1성, 2성, 3성, 4성, 경성으로 구분된다.

뭐가 두렵죠?
큰소리로 입부터 떼세요!

1부

중국어의
큰 문이 열리다

니 하오!
중국어는 처음이지?

생존 영어로는 결코 살아남을 수 없는 곳

"중국이요?"

"응, 2박 3일 출장 준비해. 이번에 나랑 홍 대리랑 가니까."

2주 전 박 팀장이 건넨 폭탄 발언에 홍 대리는 눈만 껌뻑거렸다. 중국 진출은 2년 전부터 회사에서 야심차게 추진하던 프로젝트였기에 잘 알고 있었다. 하지만 중국어 한마디 못하는 자신을 왜 출장에 데려가려 하는지 박 팀장의 의중이 궁금했다.

"저기, 팀장님. 저 중국어 하나도 못하는 거 아시죠?"

"알지."

"그런데 왜 저를……."

"못하면 배우면 되잖아. 오늘부터 당장 배워."

그렇게 쉬운 거라면 현지에서 당장 쓸 수 있는 말이나 외워가야겠다 싶었다. 중국어는 박 팀장이 네이티브 수준으로 잘할 테니 큰 걱정이 되지 않았다. 출장까지 남은 시간은 고작 2주. 그 안에 간단한 회화라도 익힐 겸 틈날 때마다 유튜브 동영상을 찾아보았다.

하지만 애써 외운 중국어는 중국에 도착한 순간 산산조각이 났다. 홍 대리의 중국어를 알아듣는 사람은 아무도 없었다. 심지어 박 팀장조차도 이렇게 물었다.

"그게 어느 나라 말이냐? 중국어 공부해 오랬더니 대체 뭘 배워 온 거야?"

아니라고, 책도 보고 동영상으로 발음도 익혔다고 말하고 싶었다. 하지만 공부했다고 반박하기에 자신의 중국어는 얇은 유리보다 깨지기 쉬운 것처럼 보였다. 차라리 입을 다물고 있는 편이 나았다. 박 팀장은 2박 3일 내내 틈만 나면 홍 대리를 구박했다.

"아이고, 중국까지 와서 말도 못하고 답답해서 어쩌냐. 혼자 호텔은 찾아가겠냐?"

밥을 먹으러 가서도 통박은 이어졌다.

"이봐, 홍 대리. 나 없으면 밥이나 먹겠어?"

호텔에 돌아와서도 마찬가지였다. 아무래도 홍 대리를 놀리는 데에 재미를 붙인 게 틀림없었다.

그러나 꾹 참는 수밖에 없었다. 중국어를 한마디도 못하니 밥을 먹을 때도 택시를 탈 때도 꼼짝없이 박 팀장 옆에만 붙어 있어야 했다. 나름 생존 영어에는 밝았기 때문에 '문제없겠지'라고 생각한 게

화근이었다. 대부분의 중국 사람들은 영어로 대화하는 데에 무척이나 서툴렀다. 영어만 들리면 시선부터 피하고 보는 우리나라 사람들을 생각할 때 어쩌면 당연한 반응이겠지 싶었지만 답답한 마음은 어쩔 수 없었다.

'저녁에 맥주 마시자고 하기만 해봐라. 절대 안 나갈 테다!'

속으로만 부득부득 소심한 복수를 꿈꿨다.

하지만 소심한 복수조차 할 시간도 없었다. 호텔에서 잠깐 눈만 붙이고 튀어나가야 할 만큼 2박 3일의 일정이 빡빡한 탓도 있었지만, 난생 처음 와본 중국의 스케일에 정신을 차릴 수가 없었기 때문이었다. 중국은 한국에서 생각한 것과는 전혀 달랐다.

길게 뻗은 16차선 도로, 아시아 최대 규모를 자랑하는 대형 백화점들과 시속 400킬로미터로 달리는 자기부상열차, 초고층 빌딩들이 숲을 이룬 듯 즐비하게 늘어서 있는 거리까지 시내 곳곳은 어딜 가나 활기로 넘쳐났다. 세계의 중심으로 매섭게 성장하고 있는 중국을 눈으로 직접 확인할 수 있었다.

짧은 경험이었지만 비즈니스 현장에서 제시하는 청사진이나 그림은 '판'이 달랐다. 지금껏 우물 안 개구리로 살아왔음을 절감했다. 서서히 중국에 대한 선입관이 깨지면서, 회사가 왜 그토록 중국 진출에 사활을 걸고 있는지 피부로 느껴졌다. 홍 대리의 눈에도 커다란 기회가 보였던 것이다. 가슴이 두근거렸다.

'장난 아닌데? 한국 돌아가면 중국어부터 배워야겠어.'

박 팀장도 현장을 둘러본 뒤 확실하게 마음을 굳힌 모양이었다. 회사의 미래에 큰 획을 그을 막중한 결정이 눈앞에 다가왔다. 그간 사장이 인내를 갖고 추진해왔으나 몇몇 이사의 반대에 부딪혀 지지부진했던 중국 프로젝트가 급물살을 탈 것 같다는 예감이 들었다. 그리고 그 예감은 완벽하게 적중했다.

6개월 안에 중국어를 마스터하라고?

"돌아가면 중국 진출 제안서랑 기획안 제출하고, 사업계획서 멋지게 만들어봐."

홍 대리는 두 눈을 반짝였다. 자신 또한 출장 기간 내내 한국에 돌아가면 반드시 중국 프로젝트에 힘을 쏟겠다고 각오했기 때문이었다. 이 일을 계기로 자신의 미래에 큰 가능성이 열릴지도 모른다고 생각하니 가슴이 마구 뛰었다. 귀국하는 비행기에서 박 팀장은 특명을 내렸다.

"당장 중국어 마스터해. 출장도 자주 다니고 현지 바이어도 만나야 하니까."

"네, 저도 꼭 배워야겠다고 생각했어요."

"얼마나 걸리겠어?"

"부지런히 해도 1년은 넘겠죠."

"1년이 넘는다고? 부지런히 하는데 1년? 너무 길어. 줄여."

'뭐? 1년이 너무 길다고?'

영어는 10년을 공부해도 여전히 외국인 앞에 서면 쭈뼛거리는데, 하물며 아무것도 모르는 언어인데 1년은 겪어야 하지 않을까 싶었다. 그마저도 팀장님 앞이라 줄이고 줄인 기간이었는데, 1년이 길다고? '내가 하루 종일 중국어만 공부할 수 있는 것도 아니고……'

홍 대리는 속으로 투덜거리며 볼멘소리로 대꾸했다.

"근데, 바이어와 대화하는 수준까지 되려면 최소 1년은 공부해야 하지 않을까요?"

박 팀장은 어이가 없다는 얼굴로 홍 대리의 눈을 쳐다보며 호통을 쳤다.

"1년은 무슨. 우리가 그렇게 시간이 많은 줄 아냐? 학생도 아니고 한가하게 1년 넘도록 배우고 앉아 있어? 다른 사람한테 프로젝트 낚아 채이고 싶으면 그렇게 하든가. 딱 6개월 준다! 그 안에 무조건 중국어 마스터해."

"네? 6개월이요? 진심이세요?"

"그래, 진심이다. 내가 농담하는 걸로 보여? 홍 대리, 중국어는 처음이지?"

"네, 머리털 나고 처음입니다."

"니 하오! 할 만할 거야. 6개월이다. 그 뒤에 중국인 상대 못하면 이 일은 홍 대리한테 못 맡겨."

'팀장님, 저한테 왜 이러세요!'

박 팀장은 한다면 하는 스타일이었다. 홍 대리가 사표를 쓰고 회사를 나가지 않는 이상 무조건 6개월 안에 중국어를 마스터할 수 있도록 밀어붙일 게 틀림없었다. 홍 대리 혼자 중국에 출장을 보낼지도 모르는 일이었다. '벼랑에서 떨어뜨려 살아남는 새끼만 키운다.' 그게 바로 박 팀장이었다.

'6개월 안에 중국어 마스터? 내가 무슨 언어 천재도 아니고!'

고오오오- 비행기가 이륙하며 내는 굉음 소리가 홍 대리의 절규를 대신했다.

중국어 첫말 트기

　너무나 가까운 나라 중국. 그런데 왜 중국어는 유독 멀게만 느껴지는 걸까요? 그 이유는 '한자'를 먼저 떠올리기 때문입니다. 복잡한 한자를 외우고 문법을 공부하다 보면, 재미도 없고 중국어 실력도 통 늘지 않는 것 같죠. 재미가 있어야 속도도 붙고 실력도 느는 법인데, 관념적으로만 중국어에 접근하니까 도통 신나지 않는 거예요.

　중국어 공부는 '말'부터 시작해야 합니다. 저는 문법부터 공부하겠다는 사람들을 뜯어말립니다. 처음부터 한자, 병음, 성조, 발음까지 전부 알려고 하다가 지루하고 어려워서 지레 포기해버리는 사람들을 너무 많이 봐왔기 때문이죠.

　자, 그럼 첫 시간에는 아주 기본적인 문장들부터 따라 해볼까요? 한자나 문법, 병음과 성조는 일단 지금 단계에서는 너무 신경 쓰지 말고, MP3에 녹음된 제 목소리를 들으며 하나하나 천천히 발음해봅시다. 부담 없이 입부터 떼보세요!

★ 만날 때

안녕!	안녕하세요!
你好!	您好!
Nǐ hǎo!	Nín hǎo!

★ 헤어질 때

잘 가!	내일 보자!
再见!	明天见!
Zàijiàn!	Míngtiān jiàn!

★ 감사할 때 ※ 不뒤에 4성에 해당하는 글자가 오면 不는 2성으로 발음된다.

고마워!	천만에!
谢谢!	不客气!
Xièxie!	Bú kèqi!

★ 사과할 때

미안해!	괜찮아!
对不起!	没关系!
Duìbuqǐ!	Méi guānxi!

26

★ 안부를 물을 때

어떻게 지내세요?	잘 지내고 있어요.
过得怎么样?	**挺好的。**
Guò de zěnmeyàng?	Tǐng hǎo de.

★ 전화할 때

여보세요?	누구를 찾으세요?
喂?	**您找谁?**
Wéi?	Nín zhǎo shéi?

- ★ 你 nǐ 너, 당신 ┃ 好 hǎo 안녕(인사말에 쓰임) ┃ 您 nín 당신(높임말)
- ★ 再见 zàijiàn 잘 가, 또 보자 ┃ 明天 míngtiān 내일 ┃ 见 jiàn 보다, 만나다
- ★ 谢谢 xièxie 고맙다 ┃ 不 bù 〜이 아니다 ┃ 客气 kèqi 사양하다, 체면을 차리다
- ★ 对不起 duìbuqǐ 미안하다 ┃ 没关系 méi guānxi 괜찮다
- ★ 过 guò 지내다, 보내다 ┃ 得 de 동작의 정도나 결과를 보충하는 역할 ┃ 怎么样 zěnmeyàng 어떠하다 ┃ 挺~的 tǐng~de 잘 〜하다, 아주 〜하다 ┃ 好 hǎo 좋다
- ★ 喂 wéi 여보세요(실제 성조는 4성이지만, 전화상에서는 주로 2성으로 발음함) ┃ 找 zhǎo 찾다 ┃ 谁 shéi 누구

무조건 외우는 습관부터
버려라

중국어를 씹어 먹는 방법

홍 대리는 중국에서 돌아오자마자 중국 패션 시장에 대한 디테일한 자료를 수집하기 시작했다. 다음에 할 일은 중국 진출을 위한 제안서를 작성하는 일이었다. 이것이 통과되면 구체적인 사업 추진을 위한 기획안과 함께 5개월 후 국내에서 열릴 패션 박람회 프로젝트 사업안을 만들어야 했다. 산더미 같은 일들은 시간을 들여 처리하면 되는 것. 문제는 중국어였다.

'6개월이라……. 그 안에 중국어를 마스터할 수 있을까?'

사실 홍 대리 자신도 어떻게 해서든 중국어를 배우고 싶었다.

"그게 어느 나라 말이냐? 중국어 공부해 오랬더니 대체 뭘 배워 온 거야?"

박 팀장의 비웃음 소리가 아직도 귓가에 선명히 울려 퍼졌다.

"아오, 내가 진짜! 중국어 배우고 만다!"

홍 대리의 가장 큰 장점은 한번 결심한 것을 곧바로 실행에 옮긴다는 점이었다. 당장 최 선배에게 전화를 걸었다. 대학 동아리에서 만난 최 선배는 제법 규모가 있는 무역회사에서 중국통으로 일하고 있었다. 며칠 후 최 선배를 만나 밥과 술을 사주며 물었다.

"형, 중국어 공부 어떻게 했어요?"

"갑자기 중국어는 왜?"

"회사에서 중국 지사를 만들려고 하거든요."

"너 중국으로 가냐?"

"아뇨, 중국어를 못해서 가고 싶어도 못 가요."

"웬만하면 한국에 있어. 중국에 몇 년 있다가 돌아올 자리 없으면 어떡할래? 해외 지사 함부로 가는 거 아니다 너. 여기에서 부지런히 인맥 만들고 실력 쌓아. 중국이 기회의 땅이라고 하지만 거기에서 자리 잡는 거 보통 일 아냐."

"……."

홍 대리는 묵묵히 최 선배의 빈 잔에 술을 채웠다. 오늘 듣고 싶은 이야기는 이런 게 아니었다. 불타올랐던 의욕이 사라지는 기분마저 들었다. 그러나 이대로 포기할 홍 대리가 아니었다. 최 선배는 원래 가진 것을 선뜻 내어주는 사람이 아니었다. 작전을 변경했다.

"에이, 그러지 말고 좀 가르쳐줘요. 형도 중국어 잘해서 지금처럼 잘나가게 된 거잖아요."

"자식이, 내가 뭘 잘나간다고."

"겸손은 집어넣으시고요. 곧 임원 승진 앞두고 있다면서요?"

"임원 그거 1년마다 재계약이라 성과 없으면 바로 모가지야. 차라리 부장 오래 하는 편이 나아."

"대학 동기나 입사 동기 중에 아직 임원 된 사람 없죠?"

"없지."

"우아, 그럼 형이 처음이네요. 진짜 대단해요!"

홍 대리는 최 선배의 입꼬리가 서서히 올라가는 것을 놓치지 않았다.

'나이스 타이밍!'

때를 놓치지 않고 중국어 공부법에 대한 노하우를 다시 한 번 물어보았다.

"저도 형처럼 회사에서 잘나가고 싶다고요. 어떻게 공부하면 빨리 늘어요?"

"학원 가. 독학은 힘들어. 하긴 학원 다닌다고 다 잘하면 중국어 못하는 사람도 없겠다."

"그러니까 제가 형을 찾아왔죠."

"확실한 방법이 하나 있긴 한데……."

일순간에 귀가 번쩍 뜨였다. 역시 최 선배였다. 홍 대리는 초롱초롱한 눈으로 최 선배가 '중국어 완전 정복의 노하우'를 전수해주기만 기다렸다.

"중국어는 말이지. 사람들이 말하는 방법대로 해봤자 다 소용없어. 잘할 수 있는 방법은 딱 하나야."

최 선배의 목소리가 은근히 낮아졌다. 홍 대리는 자기도 모르게 꿀꺽 침을 삼켰다. 중국어를 단숨에 '클리어' 할 수 있는 궁극의 묘수를 드디어 알게 되는 순간이었다. 최 선배는 확신에 가득 찬 목소리로 이렇게 말했다.

"무조건 외우는 거야."

"네? 무조건…… 외……우……라고요?"

"너 빽빽이 알지?"

"알죠. 연습장 가득 빽빽하게 채우는 그거잖아요. 학교 다닐 때 영어 단어 외우기 숙제로 엄청 했는데요."

예상과 전혀 다른 대답에 홍 대리는 고개를 갸웃거렸다. 무조건 외우라니, 자신이 생각해도 이건 좀 아닌 것 같았다. 그러나 최 선배는 홍 대리의 어두워진 표정을 아는지 모르는지 아까보다 더 단호한 목소리로 말했다.

"연습장을 하나 사서 모르는 단어를 빽빽하게 쓰는 거야. 연습장을 일주일 만에 다 써버리겠다는 의지로 미친 듯이 외우는 거지. 외우는 데 장사 없다 너? 쓰다 보면 중국어가 머릿속에 들어온다고."

"그런데요, 선배. 저는 눈에 들어오는 것보다 입으로 나가는 게 더 중요한데요. 게다가 중국어는 발음이 중요하잖아요. 발음은 어떻게 익혀요?"

"단어마다 억양을 표시해. 그리고 소리를 내면서 쓰고 외워."

"달달 외우기만 하면 되나요?"

최 선배는 도무지 외워지지 않는 단어는 '사전을 찢어서 씹어 먹었다'는 무용담까지 들려줬다. 달달 외우라니, 일단 알겠다고 대답은 했지만 뭔가 찜찜했다. 그러나 중국어로 비즈니스를 하는 사람의 말이니 완전히 무시할 수도 없었다.

'사전을 통째로 씹어 먹었다는 전설의 고수가 혹시……?'

홍 대리는 거침없이 술을 들이키는 최 선배를 바라보았다. 배가 불룩했다. 사전을 씹어 먹어서 불룩해진 배는 아닌 것 같았다. 저 배는 틀림없이 술로 쌓아 올린 배였다.

'그래도……? 에이, 아니다. 아니겠지.'

홍 대리는 의심을 떨쳐내고자 고개를 획획 내저었다. 최 선배가 아무리 막무가내 스타일이라고 해도 설마 사전을 씹어 먹을 만큼 무지막지하랴 싶었다. 하지만 어쨌거나 실력만큼은 '중국어를 씹어 먹은 것'만은 분명했다. 술자리가 이어질수록 대륙적인 남자 최 선배는 중국에서의 무용담을 한껏 늘어놓았다. 그의 말을 듣고 있자니 중국어를 더 잘하고 싶다는 마음이 샘솟았다. 최 선배가 말해준 '빽빽이 공부법'에 반신반의하면서도 한번 해봐야겠다는 마음이 든 건 그의 마지막 말 때문이었다.

"국영아, 뭐든 하겠다고 마음먹으면 절대 포기하지 마라. 회사에서 밀려나지 않고 어떻게 내가 이 자리까지 왔겠냐. 학벌, 스펙, 인맥

뭐 하나 내세울 게 없는데도 말이야. 그래도 버틸 수 있었던 건 지독한 근성과 끈기! 그거 하나만큼은 누구에게도 뒤지지 않았기 때문이야. 자신을 믿어. 할 수 있다! 중국어? 그냥 씹어 먹어! 그래봤자 중국어야."

최 선배는 홍 대리의 등을 세게 한 번 치고는 주먹을 쥐어 보였다. 홍 대리도 주먹을 쥐어 맞대었다. 무협의 고수들처럼 두 사람은 껄껄 웃으며 헤어졌다.

"까짓 거 그래봤자 중국어다. 아랍어도 아니고 라틴어도 아니고 중국어라고!"

홍 대리는 집으로 돌아오는 길에 문구점에 들렀다. 두툼한 연습장 하나를 샀다. 집에 오자마자 책상 앞에 앉아 연습장을 펼쳤다. 그러고는 연습장 앞에 커다랗게 써두었다.

"중국어를 씹어 먹자!"

달달 외우는데 왜 남는 게 없지?

홍 대리는 본격적으로 '씹어 먹는' 중국어 공부에 돌입했다. 만만해 보이는 중국어 기초 교재도 한 권 샀다. 퇴근 후에는 책상 앞에 앉아 연습장을 빽빽하게 채우며 중국어 단어를 쓰고 외웠다. 까맣게 채워지는 연습장을 보니 절로 흐뭇해졌다.

'진작 이렇게 공부했으면 하버드를 가고도 남았을 텐데……'

그러나 열정이라는 이름의 전차는 달리기 시작한 지 딱 3일째 되던 날 멈췄다.

일단 팔이 너무 아팠다. 눈도 아프고 머리는 더 아팠다. 밤에 단어 스무 개를 달달 외우면 다음 날 아침 머릿속에는 고작 두 개가 남아 있을 뿐이었다. 잠만 자고 일어나도 열여덟 개의 단어가 저 멀리 사라지니 이것이야말로 '밑 빠진 독에 물 붓기'였다.

이를 악물고 3일만 더 해보다가 공부를 시작한 지 일주일 후 미련 없이 연습장을 쓰레기통에 내던졌다. 남은 것이라고는 눈 밑의 다크서클과 볼펜 똥으로 까매진 손톱뿐이었다. 심지어는 소화 불량까지 걸렸다. 아침마다 설사를 하며 홍 대리의 볼은 핼쑥해졌다. 하루는 박 팀장이 물었다.

"홍 대리, 요즘 다이어트 해?"

"아니요."

"그런데 왜 이렇게 퀭해?"

"그럴 일이 좀 있어요."

"아하! 집에서 장가가라고 들볶는구나. 그러니까 홍 대리도 얼른 결혼해. 결혼하고 아이를 낳아야 진짜 어른이 되는 거라고. 이번에 우리 딸이 말이야……"

왜 이 맥락에서 난데없이 결혼 이야기가 나오는지 이해할 수 없었지만 홍 대리는 그저 허허실실 웃기만 했다. 아니, 박 팀장의 결혼

레퍼토리는 이미 결론이 정해져 있었다. 어차피 두 살이 된 딸 자랑일 터였다. 박 팀장은 사내에서도 유명한 '딸 바보 아빠'이지만, 사실 3년 전까지만 해도 독신을 고수하던 '카리스마 박'으로 불렸다. 냉기가 스멀스멀 감돌 정도여서 쉬는 시간에 한담을 나누는 일은 상상조차 하지 못했다. 그러던 사람이 한눈에 꽂혔다는 여성을 만나 3개월 만에 일사천리로 결혼을 하고 딸을 낳았다. 심지어 야근과 주말 근무를 밥 먹듯이 하던 사람이 '육아의 세상을 영접한 후'에는 180도 달라졌다. 이런 말까지 하게 되었으니 말이다.

"일은 근무 시간에 하는 거다! 야근과 주말 근무는 일을 못한다는 증거다!"

사람은 변하지 않는다고 철석같이 믿었던 홍 대리가 자신의 신념을 완전히 바꾸게 된 데에는 박 팀장이 큰 역할을 했다. 그렇기에 비록 지금은 중국어 초보자이지만, 열심히 배우면 자신도 중국어 고수로 변할 수 있다고 믿었다. 아직 갈 길이 조금, 아니 많이 먼 것 같지만. 중국어를 생각하니 또 눈 밑이 푹 꺼지는 기분이 들었다.

"진짜 왜 그런데? 일 때문에 스트레스 받아?"

"아니요, 뭘 잘못 먹어서 체했나 봐요."

'이게 다 팀장님 때문이잖아요!'

마음속에서 진심이 메아리쳤다. 더욱이 중국어를 '빡빡이'로 공부하다가 이렇게 되었다는 말은 입이 찢어져도 할 수 없었다. 말하는 순간 갈굼을 당할 게 뻔했다.

홍 대리는 박 팀장이 진심으로 부러웠다. 중국 현지에서 본 그의 중국어 실력은 물 흐르듯 유창했다. 그렇다고 박 팀장에게 공부법을 묻고 싶지는 않았다. 중국에서 5년씩이나 유학생활을 하며 자연스럽게 익힌 박 팀장의 중국어 공부법은 현재 자신이 처한 상황과는 전혀 맞지 않았다.

그렇다고 중국어 공부를 포기하고 싶은 생각도 없었다. 회사가 지향하는 비전과 자신의 장기적인 포지션을 생각하면 중국어가 필수라는 생각이 들었기 때문이었다. 몇 날 며칠 밤을 새며 준비한 제안서였다. 최종 기획안까지 통과되면 회사에서도 신규 사업을 개발할 수 있을 만큼 중요한 일이었다. 이번 기회에 자신의 능력을 보여주고 싶었다.

'그래, 방법이 나빠서였지 내가 못나서가 아니다. 다시 시작하자!'

외우지 않아도 말할 수 있다

심기일전한 마음으로 중국어 단기 회화 인터넷 강의를 끊었다. 그러나 '한 달 완성'이라는 학원 광고와 달리, 한 달이 지난 후에도 여전히 홍 대리의 중국어 실력은 '니 하오'를 벗어나지 못하고 있었다. 그러나 애꿎은 인터넷 강의만 탓할 처지는 아니었다. 누가 강제로 시키는 공부가 아닌 터라 일주일에 한두 번 공부 시간을 내기도 어려웠다. 당연히 제대로 된 복습은 꿈도 못 꿨다. 결국 빽빽이와 인터넷 강의는 자신에게 맞지 않는 공부법이라는 결론을 내렸다.

'이러다 이놈의 중국어가 내 발목을 잡는 거 아냐?'

조급해진 마음 탓인지 불안감마저 스멀스멀 올라왔다. 집에서 쉬는 날에도 중국어만 생각하면 한숨이 푹푹 나왔다.

"어휴, 답답해. 어디 좋은 스승님 없나? 나를 꽉 잡고 확실하게 가르쳐줄 사부님만 계시면 중국어쯤이야 완전히 박살내버릴 텐데!"

방에 처박혀 궁상을 떨다가 슬그머니 거실로 나왔다. 어머니 김홍란 여사는 화면 속을 뚫고 들어갈 기세로 텔레비전을 보고 있다. 뭘 저렇게 열심히 보는가 싶었는데 홍콩 배우 장국영이 나오는 영화였다. 아들이 방에서 나오든 말든 김 여사는 장국영의 한마디에 울고 웃었다. 홍 대리에게는 익숙한 광경이었다. 장국영을 너무나 사랑한 나머지 하나밖에 없는 아들 이름도 '홍국영'이라고 지은 그녀였으니 말이다. 홍 대리도 나란히 앉아서 영화를 봤다. 엔딩 크레디트까지 올라가고 나서야 김 여사가 아들에게 말을 붙였다.

"방구석에 꿀이라도 숨겨놨나. 요즘 왜 집에만 처박혀 있어? 넌 연애도 안 하냐?"

"어휴, 지금 연애가 문제가 아니라고요."

"얼씨구! 네 나이 때 연애가 문제가 아니면 뭐가 문젠데? 회사 일은 아닐 테고."

"맞거든요."

"뭐? 회사 일 때문에 이렇게 좀비 꼴이 됐다고?"

김 여사의 시선이 홍 대리에게 와 꽂혔다. '우리 아들이 너무 이상해요'라는 표정이었다.

"배고파요. 밥 주세요."

"육개장 끓여놨으니 먹어. 회사 일은 뭐가 문젠데?"

"아직 확실하진 않지만 중국에 진출할 것 같아요."

"어머, 우리 아들 출세하는 거야?"

"중국어를 잘해야 출세든 뭐든 하죠. 전 망했어요."

"까짓 거 하면 되지. 네 아버지도 잘만 하던데 뭐."

"아버지가요?"

"그렇다니까. 이제 곧 들어올 시간 됐으니 아버지한테 여쭤봐."

과연 김 여사의 말대로 5분쯤 지나자 초인종 소리가 들렸다.

"아유, 이 양반은 비밀번호를 알려줘도 꼭 벨을 눌러. 귀찮게."

김 여사가 투덜대며 자리에서 일어났다. 홍 대리의 아버지 홍일수 씨는 홍 대리가 중학교 2학년이었을 때까지 수제구두를 만드는 작은 가게를 운영하다가, 경기가 어려워지면서 문을 닫고 택시 운전을 시작했다. 결혼한 지 35년이나 됐지만 홍일수 씨와 김 여사는 서로 죽이 척척 맞아 여전히 사이가 좋다.

"아유, 사장님 오셨어요. 고생 많으셨네요."

"니 츨판 러 마你吃饭了吗(밥 먹었어)?"

"지금 먹으려고요. 국영이하고 같이 드시려우?"

"하오 好(좋지)!"

"얼른 손만 씻고 와요."

중국어로 말하는 아버지와 그걸 알아듣고 한국어로 대답하는 어머니를 보니 시트콤이 따로 없었다. 그러나 홍 대리는 아버지의 자연스러운 중국어를 듣고 깜짝 놀랐다.

'비록 말은 짧지만 거침없이 입에서 나오고 있잖아?'

함께 밥을 먹으며 홍 대리가 물었다.

"아버지, 중국어 배우셨어요?"

"그래, 한 일주일 됐다. 오늘도 중국인 손님을 태우고 공항까지 갔는데 어찌나 즐겁던지. 날씨 얘기나 초보적인 인사말만 주고받았는데 어설퍼도 대화를 나누니 재미있더구나."

"일주일 만에 중국어를요? 대체 어떻게 공부하셨는데요?"

"허허, 공부야 그냥 하는 거지."

홍 대리는 속으로 '아차' 싶었다. 아버지나 어머니나 뭘 심각하고 어렵게 생각하는 분들이 아니었다. 덕분에 홍 대리도 어렸을 때부터 안 된다는 말보다는 하고 싶으면 무엇이든 도전해보라는 말을 더 자주 들었다.

"중국인 손님이 늘어서 중국어를 배워야겠다고 생각했지. 그래서 인터넷을 좀 찾아봤어. 이 강의도 듣고 저 강의도 듣고. 그런데 나한테는 영 안 맞더구나. 내가 한자를 쓸 일이 있나, 어려운 말을 할 필요가 있나. 일상적으로 하는 말만 하면 되는데 죄다 어렵더라고."

홍 대리는 열심히 고개를 끄덕였다. 자신도 중국어를 공부하며 느꼈던 마음이었기에 아버지의 말에 십분 공감했다.

"그러다가 끝내주는 선생님을 찾았지."

"끝내주는 선생님이요?"

"그래, 영화에 보면 무림고수의 '사부' 있잖아. 딱 그 느낌이야!"

'사부'라는 말에 홍 대리의 눈이 커졌다. 자신도 오매불망 바라던 것 역시 바로 그 '사부님' 아니던가!

"그분이 누군데요?"

"인터넷으로 중국어 강의를 듣는데 세상에! 입이 떡 벌어져. 어찌나 친절하게 가르쳐주는지……."

문정아. 아버지가 찾은 끝내주는 선생님은 중국어 학습 분야의 최고 고수라고 불리는 '문정아중국어연구소'의 소장이었다. 홍 대리도 중국어를 공부하면서 이름을 들은 적이 있었다.

'초보 수준이라고 해도 아버지가 일주일 만에 입을 뗄 정도라면 나도 할 수 있겠어.'

다시 중국어 공부에 대한 의욕이 활활 타오르기 시작했다. 어떻게 해서든지 문정아 소장을 직접 만나보고 싶었다. 사부로 모시고 배울 수만 있다면 자신의 중국어 실력도 날개를 달 것만 같았다. 연락처를 알 수 없으니 직접 연구소에 찾아가는 방법밖에 없었다. 그러나 예상대로 문 소장을 만날 수는 없었다. 하지만 성과가 아예 없었던 것은 아니었다. 며칠 후 문 소장을 만날 기회가 찾아왔다.

기본 문장 따라 해보기

학창시절에 '빽빽이' 쓰기, 다들 경험해보셨나요? 저 역시 중국어를 처음 공부할 때에는 하루에 6~7시간씩 모르는 단어를 찾고 수백 번 연습장에 썼습니다. 획도 많고 눈에도 안 들어오는 한자를 외우려니 팔도 아프고 머리도 아팠죠. 그렇게 고생스럽게 외워서 머릿속에 남으면 좋으련만, 뒤돌아서면 까먹는 게 일이었습니다. 도통 실력이 늘지 않는 거예요. 오랜 시행착오 끝에 이 공부법의 오류를 깨달았고, 결국 소리를 듣고 따라 하는 공부법으로 방향을 바꾸면서 중국어 공부의 물꼬를 틀 수 있게 되었습니다.

공부를 시작하면서 학창시절에 그랬던 것처럼 일단 쓰려고 들지 말고, 문장을 하나하나 따라 발음해보고 자연스럽게 익혀보세요. 반복해쓰는 것보다 반복해 말하는 게 언어를 배울 때에는 더욱 효과적입니다. 그럼 이번에도 간단한 문장들을 따라 해볼까요?

나는 먹는다.	나는 마신다.
我吃。 Wǒ chī.	我喝。 Wǒ hē.

나는 배고프다.	나는 졸리다.
我饿。 Wǒ è.	我困。 Wǒ kùn.

어떤가요? 우리말로는 긴 문장이지만 중국어로는 단 두 마디면 끝 나죠? 발음은 어떠한가요? 단 두 마디일 뿐인데도 리듬이 느껴지면서 재미있지 않나요?

언어는 '반복'이 중요합니다. 우리가 근육을 만들려면 날마다 일정 시간 동안 운동을 해야 하듯이, 중국어도 정해진 시간에 꾸준히 반복 하며 자연스럽게 익혀야 합니다. 간단한 회화부터 따라 해보면서 중국 어에 대한 두려움을 조금씩 걷어내 보세요. 그다음에 성조, 발음, 병음, 한자, 어법을 익히면 됩니다.

그럼, 이번에는 조금 더 긴 문장을 따라 해볼까요? 아래에 제시된 간 단한 상황별 문장도 입에 완전히 익을 때까지 따라 해보세요.

★ 장소를 물을 때

그는 어디에 있니?	그는 집에 있어.
他在哪儿?	他在家。
Tā zài nǎr?	Tā zài jiā.

★ 사물을 물을 때

이것은 뭐니?	이것은 휴대전화야.
这是什么?	这是手机。
Zhè shì shénme?	Zhè shì shǒujī.

★ 날짜를 물을 때

오늘 며칠이니?	오늘 8일이야.
今天几号?	今天八号。
Jīntiān jǐ hào?	Jīntiān bā hào.

★ 이름을 물을 때

너는 이름이 뭐니?	나는 샤오롱이야.
你叫什么?	我叫小龙。
Nǐ jiào shénme?	Wǒ jiào Xiǎolóng.

★ 나이를 물을 때

너는 몇 살이니?	열세 살이야.
你多大了?	十三岁了。
Nǐ duō dà le?	Shísān suì le.

★ 시간을 물을 때

지금 몇 시니?	지금 3시야.
现在几点?	现在三点。
Xiànzài jǐ diǎn?	Xiànzài sān diǎn.

44

★ 가격을 물을 때

이것은 얼마예요?	5위안이에요
这个多少钱?	五块。
Zhège duōshao qián?	Wǔ kuài.

★ 안부를 물을 때

요즘 어떠니?	그런대로 괜찮아.
最近怎么样?	还可以。
Zuìjìn zěnmeyàng?	Hái kěyǐ.

★ 요일을 물을 때

내일은 무슨 요일이니?	내일은 목요일이야.
明天星期几?	明天星期四。
Míngtiān xīngqī jǐ?	Míngtiān xīngqīsì.

★ 국적을 물을 때

너는 어느 나라 사람이니?	나는 한국인이야.
你是哪国人?	我是韩国人。
Nǐ shì nǎ guó rén?	Wǒ shì Hánguó rén.

★ 대상을 물을 때

그녀는 누구니?	그녀는 내 동료야.
她是谁?	她是我同事。
Tā shì shéi?	Tā shì wǒ tóngshì.

★ 소유를 물을 때

너 보조배터리 있니?	없어.
你有充电宝吗?	没有。
Nǐ yǒu chōngdiànbǎo ma?	Méiyǒu.

아무리 건강에 좋고 맛있는 음식이라도 꾸역꾸역 한꺼번에 많이 먹으면 체하고 질려버리는 수밖에 없어요. 중국어 공부도 마찬가지입니다. 출근 준비를 하거나 출퇴근하며 이동을 할 때, 식사를 하거나 샤워를 할 때 등 짬짬이 하루에 10분씩만 투자해보세요. 조금씩 공부하는

46

대신, 꾸준히 반복해서 완전히 입에 익을 수 있도록 만드는 것이 중요
합니다!

★ 我 wǒ 나 | 吃 chī 먹다 | 喝 hē 마시다 | 饿 è 배고프다 | 困 kùn 졸리다

★ 他 tā 그 | 在 zài ～에 있다 | 哪儿 nǎr 어디 | 家 jiā 집

★ 这 zhè 이, 이것 | 是 shì ～이다 | 什么 shénme 무엇 | 手机 shǒujī 휴대전화

★ 今天 jīntiān 오늘 | 几 jǐ 몇 | 号 hào 일(날짜를 가리킴) | 八 bā 여덟, 8

★ 你 nǐ 너, 당신 | 叫 jiào ～라고 하다 | 小龙 Xiǎolóng 샤오롱(인명)

★ 多 duō 얼마나 | 大 dà (수량이) 많다 | 了 le ～이 되었다 | 十三 shísān 열셋, 13 | 岁
  suì 살, 세(나이를 세는 단위) | 你几岁了? Nǐ jǐ suì le? 너는 몇 살이니?(열 살 이하의 어린이에게)

★ 现在 xiànzài 지금, 현재 | 点 diǎn 시 | 三 sān 셋, 3

★ 这个 zhège 이것 | 多少 duōshao 얼마 | 钱 qián 돈, 화폐 | 五 wǔ 다섯, 5 | 块 kuài
  위안

★ 最近 zuìjìn 요즘, 최근 | 怎么样 zěnmeyàng 어떠하다 | 还 hái 그런대로, 비교적 | 可
  以 kěyǐ 괜찮다

★ 明天 míngtiān 내일 | 星期 xīngqī 요일 | 星期四 xīngqīsì 목요일

★ 哪 nǎ 어느 | 国 guó 나라 | 人 rén 사람 | 韩国 Hánguó 한국

★ 她 tā 그녀 | 谁 shéi 누구 | 同事 tóngshì 동료

★ 有 yǒu 있다 | 充电宝 chōngdiànbǎo 보조배터리 | 吗 ma ～이니?, ～입니까? | 没
  有 méiyǒu 없다

중국어의 대가,
문정아 소장을 만나다

10년을 배워도 못하는 사람,
6개월 만에 대화하는 사람

'드디어 오늘이구나!'

손꼽아 기다리던 문 소장의 강연회 날이 밝았다. 30분 전에 도착했는데도 뒤쪽과 양쪽 끝 통로에 의자를 놓아야 할 만큼 강연장은 빈틈없이 꽉 차 있었다. 강연회의 주제는 '중국어 꽃나무 키우기'였다. 감성적인 제목이라고 생각됐지만 이 주제로 어떤 이야기를 할지는 감이 잘 오지 않았다.

무대가 밝아지고 한 여성이 걸어 나왔다. 중국어의 고수 중에 최고 고수라고 생각했기에 강하고 센 이미지일줄 알았는데, 부드러운 인상이었다. 문 소장이 허리를 굽혀 인사하자 박수 소리가 쏟아져 나왔다. 문 소장은 밝고 편안한 얼굴로 청중과 눈을 맞췄다.

"따지아 하오! 문정아입니다."

홍 대리도 박수로 그녀를 맞이했다.

"여기 오신 분들은 중국어에 대한 관심과 열정이 누구보다도 더 뜨거운 분들이실 겁니다. 그러니 일부러 먼 곳까지 오는 수고를 마다하지 않으셨겠죠. 최근 한 젊은 친구가 제게 이런 질문을 던지더군요. 선생님, 도대체 어떻게 하면 '중국어 꽃길'을 걸을 수 있나요?"

차분한 목소리였다. 그러나 어딘가 옹골진 데가 있어서 듣는 사람으로 하여금 귀를 기울이게 하는 힘이 있었다.

'자신의 일에서 일가를 이룬 사람들에게서 느껴지는 아우라가 있으시군.'

문 소장은 목소리만으로 전문가라는 사실을 보여주었다. 홍 대리의 몸이 저절로 앞으로 기울었다. 집중할 때 자신도 모르게 나오는 버릇이었다. 이런 느낌을 받은 사람이 홍 대리 혼자만은 아닌지 좌중이 일시에 조용해졌다.

"그래서 저는 이렇게 대답했습니다. 그건 저도 모릅니다."

가벼운 웃음이 터져 나왔지만 진지한 분위기가 계속됐다.

"하지만 그 친구의 질문은 강연회를 준비하는 내내 제게 화두처럼 다가왔습니다. 그래서 주제도 '중국어 꽃나무 키우기'라고 정했죠. 다소 감성적인 제목이라 고민을 좀 했습니다만 함께 생각해볼 가치가 충분히 있다고 봅니다."

홍 대리는 그녀의 이야기에 고개를 끄덕이며 집중했다.

"자, 그럼 꽃나무 한 그루를 상상해볼까요? 봄에 우리를 행복하게 하는 벚나무는 어떨까요? 커다란 벚나무도 처음에는 작은 씨앗이었습니다. 그 씨앗이 땅에 떨어져 발아가 되고 뿌리가 자랍니다. 땅속으로 뿌리를 내리는 동시에 줄기가 땅 위로 솟구쳤겠죠. 줄기는 기둥처럼 튼튼해지고 작은 가지들이 뻗어 나옵니다. 가지에서는 또 작은 가지가 나오고 작은 잎도 태어나지요. 이후 꽃망울이 맺히고 어느 날 꽃봉오리가 피어나기 시작합니다. 그동안 햇빛과 바람, 비가 벚나무 옆에 머물렀다 지나갑니다. 활짝 핀 꽃은 보는 것만으로도 우리를 미소 짓게 하지만 그렇게 되기까지 시간이 필요하죠. 제 이야기의 핵심도 바로 이것입니다. 중국어를 배우는 데에는 '시간'이 필요합니다. 다만 같은 시간을 보내도 시간의 질은 다르기 마련입니다. 누군가는 10년을 공부해도 말 한마디 제대로 못하는 반면, 누군가는 6개월 만에 일상적인 대화를 하기도 하죠. 대체 왜 이런 차이가 발생할까요?"

문 소장의 질문은 홍 대리가 묻고 싶은 질문이었다. 같은 시간 공을 들인다면 열심히 물을 줘도 꽃을 피우지 않는 고목보다 아름다운 꽃을 피우는 꽃나무를 더 키우고 싶은 것처럼, 생애 처음 시작하는 중국어 공부도 효과가 확실한 방법을 선택하고 싶었다.

"저는 중국어를 공부하는 과정이 꽃나무를 키우는 일과 비슷하다고 생각합니다. 일단 뿌리를 튼튼하게 만드는 게 중요하죠. 그래야 어려운 순간에도 흔들리지 않고 목적한 곳에 도달할 수 있습니다.

겨울이 길어서 힘들다고 벚나무가 봄에 꽃을 피우지 않겠다며 파업을 하던가요? 우리가 중국어를 공부할 때 잊지 말아야 할 점은 바로 이런 게 아닐까 싶습니다. 벚나무가 어떤 상황에서도 꽃을 포기하지 않듯이 '내가 목표한 지점까지는 반드시 가겠다는 의지' 말입니다. 저는 오늘 여러분에게 중국어 공부법에 대한 해답을 주려고 온 것은 아닙니다. 오히려 질문을 던지기 위해 왔습니다. 중국어를 왜 배우려고 하는지, 중국어 공부가 자신에게 얼마나 중요한 일인지, 벚나무가 1년에 딱 한 번 꽃을 피우는 것처럼 절실하게 생각하고 있는지 말입니다."

문 소장은 잠시 말을 끊고 청중을 바라보았다. 그러더니 맨 앞에 앉은 젊은 여성에게 말을 건넸다.

"'중국어' 하면 어떤 생각이 드세요?"

"발음이 어려워요."

"네, 처음에는 어렵다고 느껴지지요. 저도 그랬답니다."

"한자를 외우기도 힘들고요."

"낯선 한자도 많을 거예요. 우리랑 비슷하게 쓰는 것도 있지만 전혀 다른 것도 있거든요."

문 소장은 사람들이 하는 말을 허투루 듣지 않았다. 어떤 이야기가 나와도 자신도 그러했다며 공감했다. 홍 대리는 자신의 예상이 보기 좋게 깨지는 것을 느꼈다. '중국어 공부는 이렇게 하는 거다!'라고 일방적인 이야기를 들을 줄 알았는데, 문 소장은 사람들과 눈을 맞추며 그들의 입장에서 고민을 들어주었다. 마치 무대 위에 서 있는 게 아니라 객석에 들어와 함께 대화하는 것 같은 착각마저 들었다. 문 소장은 부드러운 어조로 사람들과 대화를 이어나갔다.

"방금 여러분이 말씀하신 어려운 점을 저도 똑같이 겪었답니다."

"그런데 어떻게 지금처럼 잘하게 되셨나요?"

"중국에 유학을 갔으니 중국어를 잘하고 싶다는 절박함이 있었습니다. 그런데 그게 다가 아니었어요. 공부를 하다 보니 뿌리만 제대로 내리면 중국어가 의외로 쉽다는 걸 깨달았거든요. 특히 우리 같은 한국인에게는 더더욱요."

여기저기서 웅성거리는 소리가 들렸다.

'중국어가 쉽다고? 특히 한국인에게?'

귀가 솔깃해지는 소리였다. 하지만 홍 대리는 고개를 절레절레 저었다. 그렇게 쉬운 중국어였다면 진작 '씹어 먹혔어야' 하지 않은가. 중국어는 절대 쉽지 않았다. 아니 분명히 말하지만 어려웠다. 그렇다고 문 소장이 거짓말을 할 사람처럼 보이지는 않았다.

한국인에게 중국어가 친숙한 3가지 이유

"제가 왜 중국어가 쉽다고 하는지 그 이유를 말씀드릴게요."

문 소장은 빙긋 웃더니 칠판에 무언가를 적기 시작했다. 앞으로 기운 홍 대리의 몸이 앞으로 더 기울었다. 문 소장이 칠판에 적은 문장은 세 가지였다.

첫째, 중국어와 한국어에는 발음이 비슷한 단어가 많다.
둘째, 중국어는 매우 단순하다.
셋째, 중국은 우리나라와 같은 한자 문화권이다.

"우선 첫 번째부터 말해볼까요? 중국어와 한국어에는 발음이 비슷한 단어가 많습니다. 예를 들면 이런 거예요. '한국'은 중국어로 '한궈韓国'라고 하고요. '양'은 중국어로 '양羊'입니다. 거의 비슷하죠? 커피 많이 드시죠? 커피가 중국어로 뭘까요?"

"카페이咖啡!"

누군가 큰소리로 외쳤다. 객석에서 "오오~" 하는 소리가 나와서 한바탕 웃음이 터졌다.

"맞습니다. 발음 참 좋으시네요. 이런 단어는 우리말과 발음이 비슷하기 때문에 한 번만 들어도 금방 익힙니다. 중국어에는 이런 단어가 참 많아요. 그래서 우리가 배우기에 유리한 외국어지요. 이어서 두 번째, 중국어는 단순하다는 점에 대해 이야기해볼까요? 미리 말씀드리지만 이건 중국어를 폄하하는 말이 아니에요. 표의문자인 중국어는 표음문자인 우리말이나 영어보다 단어나 문장의 길이가 짧다는 뜻입니다."

예를 들어 '나는 학교에 간다'를 우리말로 하면 일곱 글자인데, 영어로는 'I'm going to school'이니까 열다섯 글자였다. 그런데 중국어로 하면 '我去学校'로 네 글자에 불과했다. 무엇보다도 어법이 복잡하지 않아서 단어 배열만 잘하면 바로 문장을 만들 수 있고, 영어와 달리 단어 자체의 형태도 변하지 않았다.

"마지막으로 세 번째, 중국은 우리와 같은 한자 문화권 나라입니다. 여러분, 이게 얼마나 엄청난 일인지 혹시 아시나요?"

문 소장은 흥미진진한 표정으로 질문을 던졌지만 이번에는 아무도 대답하는 사람이 없었다. 한자 문화권에서 살아간다는 것을 평소에 실감하지 않아서였을까. 우리말에 한자가 많긴 했지만 한글 교육을 받고 자란 홍 대리 역시 한자를 잘 몰랐다. 고3 때 수능 공부를 할 때도 언어영역의 성적이 잘 오르지 않았는데, 이유는 단어의 속뜻을 잘 몰라서였다.

"우리말의 60퍼센트 이상이 한자어예요. 그래서 중국어를 공부하다 보면 '이거 어디서 많이 본 것 같은데?' 하는 느낌적인 느낌이 들 때가 있죠."

문 소장의 농담 같은 말에 가벼운 웃음이 터져나왔다. 홍 대리도 따라 웃었지만 속으로는 격하게 고개를 끄덕였다. 어디서 본 것 같은데 정확히 알 수 없는 느낌이 들던 때가 많았기 때문이었다.

"같은 한자 문화권이어서 유리한 점은 또 있답니다. 바로 '한자성어'예요. 정확히 쓰지 못해도 뜻을 알고 있는 한자성어가 제법 많죠?

중국에서는 적절한 상황에 한자성어를 쓰면 굉장히 '고급진 대화'를 할 수 있답니다."

'오호, 그렇단 말이지! 다음에 꼭 써먹어야겠군.'

홍 대리는 중국 현지 미팅 중 적절한 한자성어를 써서 순식간에 중국인 바이어가 감탄하는 모습을 머릿속에 그려보았다. 생각만으로도 광대가 승천하고 어깨가 으쓱 올라갔다.

"이제 제가 왜 중국어가 배우기 쉽다고 했는지 이해되시죠? 처음 배울 땐 한자를 몰라도, 발음을 몰라도, 성조를 몰라도, 단어를 외우지 않아도 중국어를 할 수 있기 때문입니다. 정말 그런지 아닌지 한 번 시험해볼까요?"

문 소장은 간단한 중국어 인사말을 알려주었다. 그리고 연습 삼아 사람들과 함께 주거니 받거니 대화를 반복했다.

잠시 후 문 소장은 옆에 앉은 사람과 서로 인사말을 주고받도록 했다. 두 사람씩 짝을 지어 인사를 나누는 상황극이 연출되자 순식간에 강연장은 중국어 인사말과 웃음으로 시끌벅적해졌다.

"니 하오你好(안녕하세요)."

"워 슬 원징我是文井我(저는 문정아입니다). 칭원 닌 슬请问您是(실례지만 당신의 이름은 무엇입니까)?"

"헌 까오씽 런슬 닌很高兴认识您(만나서 반가워요)."

"중국어가 되네요, 정말!"

홍 대리는 자신도 모르게 벌떡 일어나 외쳤다. 사람들이 박수를 쳤다. 그제야 정신이 들어 머리를 긁적이면서 자리에 앉았다. 사람들의 박수 소리가 더 커졌다. 모두 같은 마음이었다.

강의가 끝나자마자 문 소장에게 다가갔다. 이미 홍 대리보다 먼저 나온 사람들이 문 소장과 사진을 찍겠다며 길게 줄을 서 있었다. 드디어 홍 대리의 차례가 왔다. 홍 대리는 허리를 90도로 숙이며 펜과 종이를 내밀었다. 그러고는 힘차게 외쳤다.

"소장님, 저의 사부님이 되어주십시오!"

나도 중국어 천재가 될 수 있다

아기가 엄마의 말을 따라 하듯이

토요일 아침, 비가 세차게 내리고 있었다. 홍 대리는 시계를 보았다. 아침에 눈뜨자마자 10분 단위로 시계를 보는 중이었다. 약속 시간까지는 아직 세 시간이나 남았지만 도무지 집에 가만히 앉아 있을 수가 없었다. 차라리 약속 장소에 미리 가서 기다리는 편이 나을 것 같았다.

문 소장을 만나기로 한 카페에 가면서도 믿어지지 않았다. 꿈인지 생시인지 생각할수록 웃음만 나왔다. 사람들이 살면서 한 번씩 겪는다는 '기적'이 바로 이런 것인가 싶었다. 평소라면 비 오는 날의 외출이 귀찮고 번거로웠겠지만, 오늘은 양발에 날개가 달린 것 같았다. 약속 시간보다 한 시간이나 먼저 도착했지만 두근거리는 심장이 멈추지 않았다. 주문을 하고 자리에 앉아 문 소장을 만났던 '그날'을 떠올렸다.

'나도 참 용기 있는 남자라니까.'

생각을 행동으로 옮기는 성격이 자신의 장점이었지만, 문 소장에게 사부님이 되어달라고 부탁하는 것은 아무리 용감한 홍 대리라도 대단한 용기가 필요한 일이었다. 홍 대리가 90도로 허리를 숙이고 문 소장에게 사부가 되어달라고 부탁했을 때 주위 사람들도 웃고 문 소장도 웃었다. 하지만 홍 대리만큼은 진지했다. 단번에 받아들여지지 않는다면 몇 번이라도 부탁할 생각이었다.

"사부가 될 수 있을지는 모르겠지만 중국어에 대해 모르는 게 있으면 언제든 이쪽으로 연락 주세요."

문 소장은 자신의 메일 주소를 적어주었고, 그 후 홍 대리는 간곡하고 진심 어린 마음을 담아 메일을 보냈다. 절박한 마음이 통했는지 오늘 만나자는 답장이 왔다. 사부가 되어주겠노라고 승낙한 것은 아니었지만, 그래도 직접 만날 수 있다는 사실만으로도 흥분하기에 충분했다.

주문한 커피가 나오자 홍 대리는 "카페이!"라고 말하며 한 모금 마셨다. 강연회 때 배운 말은 신기하게도 입에서 곧바로 튀어나왔다. 중국어를 씹어 먹겠다며 야심차게 빽빽이를 썼던 단어들은 전혀 기억나지 않는데 말이다.

'눈으로 보거나 쓰면서 외우지 말고, 입으로 말하면서 따라 하라고 했지.'

홍 대리는 문 소장의 말을 떠올리며 고개를 끄덕였다. 말을 배운다고 생각하자 자신이 '아기'가 된 것 같은 기분이 들었다. 문득 박 팀장이 떠올랐다. 그는 딸아이가 처음 말을 배웠을 때 감격에 겨워 장광설을 늘어놓았다.

"홍 대리, 사람은 말이야 진짜 신기한 존재야. 얼마나 놀랍다고! 오늘 아침 우리 딸이 처음 말을 했어. 제 엄마가 하는 말을 반복해서 듣고 그걸 따라 하려고 입을 오물오물 거리다가 어느 순간 '맘마' '엄마'를 말하지 뭐야? 와싸이哇塞(세상에)! 워 더 티엔 아我的天啊(오마이 갓)! 우리 딸이 말을 했다고!"

그때는 '팀장님 또 시작이군'이라는 생각이 들어 "네네"라는 말로 적당히 대꾸했는데, 지금 다시 생각해보니 자신의 중국어 공부에 도움이 될 만한 힌트가 그 말에 있었다.

'처음 말을 배울 땐 띄엄띄엄 단어로 표현하지만, 조금 능숙해지면 문장을 만들게 되지. 그래, 처음부터 완벽한 문장으로 말하지 않아도 돼. 우선은 소통이 가능한 단어로 표현해보자.'

홍 대리는 중국어에 대한 두려움을 조금 떨쳐내기로 마음먹었다. 사실 박 팀장만큼 잘하고 싶다는 마음이 컸지만, 배우자마자 당장 중국인처럼 말할 수는 없을 터였다. 생각에 잠겨 있는 홍 대리 앞으로 누군가 다가왔다. 문 소장이었다.

리듬을 타면 절대 잊히지 않는다

"홍 대리님, 안녕하세요."

"아, 문 소장님!"

홍 대리는 자리에서 벌떡 일어나 꾸벅 고개를 숙였다. 문 소장이 웃으면서 자리에 앉았다. 주문한 차가 나오기 전까지 두 사람은 일상적인 대화를 주고받았다. 먼저 중국어에 대한 이야기를 꺼낸 쪽은 문 소장이었다.

"중국어 공부는 잘되고 있나요?"

"네! 아니요! 아니, 그러니까 그게…… 마음만 앞서지 어떻게 해야 할지 잘 모르겠어요."

"특히 어려움을 느끼는 부분이 어떤 건가요?"

"책을 보거나 인터넷 동영상 강의를 보면서 아주 조금 독학한 수준이라 뭐가 어려운지도 사실 잘 모르겠어요. 그래도 가장 먼저 부딪히는 문제는 '발음'인 것 같습니다. o 발음과 e 발음이 단순히 '오'나 '어'가 아니더라고요. 앞에 조금 길게 '으-'가 붙는 것 같다고나 할까요? 들어도 똑같이 따라 하기가 어렵습니다."

문 소장은 홍 대리의 말을 주의 깊게 들었다. 어떤 대목에서는 고개를 끄덕이기도 하고, 짧게 웃기도 했다. 홍 대리가 보기에 흡사 '가능성은 있지만 실력은 왕초보'인 제자를 앞에 두고 사부가 어떻게 훈련을 시작해야 할지 가늠하는 모습과 같았다. 자신이 진짜 문 소장의 가르침을 받을 수 있을지 없을지 오늘 이 자리에서 판가름 난다고 생각됐다. 놓칠 수 없는 기회였고, 한 번 지나가면 다시 오지 않을 기회였다. 느슨하게 풀렸던 몸에 긴장이 딱 생기면서 허리가 저절로 꼿꼿해졌다.

"메일에도 썼지만 저희 회사가 곧 중국 진출을 앞두고 있습니다. 저는 제가 하는 일을 굉장히 좋아해요. 앞으로 중국 무역에 대한 공부도 더 깊이 하고 싶고요. 그래서 하루빨리 중국어를 익히고 싶습니다. 소장님께서도 중국어는 말로 시작하라고 하셨는데, 어떻게 하면 발음을 좀 더 분명하고 정확하게 할 수 있을까요?"

"음, 우선 자신의 목소리부터 잘 들어보세요."

"제 목소리를요?"

"네, 혹시 중국어를 말할 때 자신이 없어서 작게 소리를 내거나 웅얼거리지는 않았나요?"

"그러고 보니…… 그런 것 같아요."

"우리는 중국인이 아니니 중국인과 똑같이 말할 수는 없겠죠. 외국어를 배우는 이상 그건 영어든 프랑스어든 마찬가지일 거예요. 그래서 최대한 가깝게 따라 하는 건데, 입을 크게 벌리고 톤을 약간 높게 잡는 편이 좋아요. 아기가 엄마의 입을 보면서 따라 하는 것처럼 말이죠."

'아기가 엄마를 따라 하듯이……'

방금 전 자신 또한 중국어를 배우기 위해서는 아기가 말을 배우는 것처럼 해야 한다고 생각했는데, 문 소장도 비슷한 비유를 들고 있었다. 역시 문 소장과 자신은 통하는 데가 있는 것 같아 저절로 미소가 지어졌다. 문 소장에게 배우면 자신에게 잘 맞는 공부법을 전수해줄 것 같다는 확신이 들었다.

"그럼 '병음'은 어떻게 해야 하나요?"

"병음은 알파벳으로 중국어 한자음을 표기한 것이기 때문에 많이 낯설진 않을 거예요. a는 '아', o는 '오어', b는 '뽀어'처럼 영어 발음과 비슷해서 쉽게 배울 수 있고요. 다만 생소한 병음들은 따로 정리하고 반복해서 말하면 더욱 좋습니다."

문 소장은 처음 병음을 익힐 때에는 한자 밑에 발음을 표기하더라도, 어느 정도 익숙해지면 한자 위에 성조만 표기하라고 말했다. 그러다 어느 정도 단어의 양이 쌓이면 적지 말고 외우는 것에 도전하라고 했다.

"병음을 한글 표기대로 따라 읽어 버릇하면 자신도 모르게 '한국식 중국어'를 구사할 수 있으니 주의해야 해요. 처음에는 외우려고 애쓰기보다 그냥 듣고 따라 하세요. 중국어에 흥미를 느끼는 게 더 중요하니까요."

문 소장은 내친 김에 연습을 해보자며 각각의 병음을 어떻게 발음하는지 알려주었다. 홍 대리는 먹이를 받아먹는 아기 새처럼 입을 크게 벌리며 문 소장의 입 모양을 흉내 냈다. 몇 번 반복하자 금세 입에 붙었다.

'나 혹시 중국어 천재 아냐?'

자신도 모르게 이런 생각이 들었다. 비록 지금은 아니지만 문 소장에게 열심히 배워서 연습한다면 분명 잘하게 될 것 같았다. 두 사람의 대화가 한층 열기를 더해갔다. 리필을 한 커피도 바닥을 드러낼 무렵이었다. 약속한 두 시간이 순식간에 흘러갔다. 홍 대리의 질문에 열정적으로 대답해준 문 소장은 지친 기색은커녕 처음보다 더 생기 넘치게 보였다. 보통 사람 같으면 목소리에 힘이 떨어질 법도한데, 참으로 대단하다는 생각이 들었다.

"언어는 살아 있는 생물과도 같아요. 현지에서 쓰이는 중국어는 한국 교재에 나와 있는 말과 다를 수 있어요. 그러니까 중국어를 배울 때에도 죽어 있는 말이 아니라 살아 있는 말을 배운다고 생각해야 합니다."

"살아 있는 언어라…… 꼭 사람 같네요."

"맞아요. 우리가 누군가를 사귀려면 직접 만나보고 알아가는 시간이 필요하잖아요. 그 과정에서 몰랐던 면도 알게 되고, 안다고 생각했는데 사실은 잘 몰랐다는 점도 깨닫죠. '이 사람에게 이런 점이 있었구나!'라고 감탄을 하기도 하고 조금은 실망을 하기도 하잖아요. 중국어와 친해지는 데도 시간이 필요해요."

'중국어와 친해진다'는 표현이 인상적이었다. 아기가 엄마의 말에 익숙해지고 또 말을 따라 하다가 자신의 말을 하게 되는 데까지 시간이 필요하듯이, 자신 또한 중국어와 친해지고 익숙하게 말하기까지는 시간이 필요할 터였다.

"저도 엄청 친해지고 싶어요. 어떻게 하면 중국어와 친해질 수 있을까요?"

"아이들이 세상을 배우고 적응해가는 방식을 따르는 거죠. 노랫말을 익히는 것처럼요. '반짝반짝 작은 별'이라는 동요 아시죠?"

홍 대리는 고개를 끄덕였다.

"멜로디만 들어도 가사가 절로 떠오르는 노래죠. 중국어를 익힐 때도 마찬가지로 '리듬'과 함께 익히면 감각이 키워져요. 눈으로만 익히는 것보다 눈과 귀와 입을 같이 쓰니 효과가 더욱 크죠. 시각, 청각, 심지어 후각까지 쓸 수 있다면 더 좋고요. 무조건 외운다고 잘 외워지는 건 아니에요. 기억은 구조화할수록 더 오래 남거든요. 외운 걸 금방 잊어버리는 이유는 기억을 구조화하지 않아서예요. 우리의 뇌는 흩어져 있는 내용보다 짝을 이루거나 묶음을 이룬 내용을 더 잘 기억하거든요. 병음을 외울 때 한번 시험해보세요. 리듬을 붙여서 공부하면 기억하기가 훨씬 더 쉬울 거예요."

홍 대리는 아까보다 더 크게 고개를 끄덕거렸다. 문 소장은 '리듬 중국어'를 말하면서 한 가지 예시를 더 들었다. 학창시절에 배웠던 시조였다.

태산이 높다 하되 하늘 아래 뫼이로다
오르고 또 오르면 못 오를리 없건마는

사람이 제 아니 오르고 뫼만 높다 하더라

"16세기 조선 선비 양사언의 시조예요."

"아, 저도 알아요. 되게 오랜만에 듣는데도 기억이 나네요. 특유의 리듬 때문인가? 3·4조니 4·4조니 하는 걸 배웠던 것 같은데……."

"아마 그럴 거예요. 소리를 내면서 외웠다면 운율도 자연스럽게 탔을 테니까요."

"그러고 보니 얼마 전에 친구들과 노래방에 갔어요. 정말 어릴 때 불렀던 노랜데 반주만 들어도 가사가 생각나더라고요. 15년 만이었나? 가사를 안 봐도 그냥 노래가 나오는 걸 보고 '나 아직 안 죽었구나'라고 생각했어요."

문 소장은 이미 실생활에서 기억력의 비법을 터득한 거라며 웃음을 터트렸다. 칭찬을 받은 것 같아 홍 대리도 따라 웃었다.

문 소장과 대화를 나눌수록 감탄이 배가됐다. 문 소장은 단순히 기계적으로 중국어를 터득한 사람이 아니었다. 생각해보면 당연한 일이었다. 만약 그랬다면 '중국어는 문정아'라는 수식어를 갖지 못했을 것이다. 홍 대리는 숨을 크게 들이쉬고 자세를 바로 했다. 그러고는 정중한 태도로 부탁했다.

"소장님, 강연회 때도 지금도 소장님께 중국어를 배우고 싶다는 마음은 변함없습니다. 오늘 대화를 나누면서 그 마음이 더욱 강해졌고요. 바쁘신 거 잘 압니다. 시간이 없으시면 꼭 만나주지 않으셔도 괜찮습니다. 다만 어떤 방식으로든 소장님께 중국어를 배울 수 있는 기회를 주십시오. 정말 열심히 하겠습니다!"

하고 싶은 말은 차고 넘쳤지만 홍 대리는 일부러 말을 아꼈다. 대신 자신의 강력하고 절실한 의지를 보여주고 싶었다. 절대로 포기하고 싶지 않았다. 이렇게 좋은 스승을 만날 기회가 인생에 또 있을 것 같지 않아서였다.

그러나 문 소장은 아무 말도 하지 않고 그저 홍 대리만 물끄러미 바라보았다. 홍 대리도 문 소장의 시선을 피하지 않고 똑바로 바라보았다. 두 사람은 침묵 속에서 서로의 눈빛만을 응시했다. 들판 한가운데에서 두 협객이 마주친 것처럼 팽팽한 기운이 흘렀다. 이번에도 먼저 입을 연 건 문 소장이었다.

"좋아요."

"네?"

놀란 쪽은 홍 대리였다. 기다리고 기다리던 말이었지만, 막상 그 말을 듣고 나니 한 번 더 '이거 실화냐?' 하는 놀라움이 밀려왔다.

"정말 제 사부님이 되어주시는 건가요?"

"사부님은 너무 거창하고, 멘토 정도로 해두죠."

문 소장의 담백한 대답에 홍 대리는 그제야 현실 감각이 살아났다. 그러나 놀란 마음은 가라앉지 않았고 동그랗게 커진 눈도 아직 그대로였다. 그런 홍 대리를 보며 문 소장이 슬며시 미소 짓자 긴장이 풀렸다. 그것도 잠시, 제대로 감사 인사를 하지 않았다는 사실을 깨닫자 다시 당황 모드로 돌아갔다.

"아, 이런! 죄송합니다. 아니, 정말로 감사합니다. 감사합니다!"

"사실 오늘 여기 올 때까지만 해도 홍 대리님께는 죄송하지만 거절할 생각이었어요. 그런데 막상 뵙고 보니 생각이 바뀌었네요."

"혹시 생각이 바뀐 이유를 여쭤봐도 될까요?"

"진심이 느껴져서요. 꼭 예전의 제 모습을 보는 것 같았거든요. 처음 중국에 갔을 때 말이 통하지 않아 얼마나 답답했는지……. 할 수 있는 모든 방법을 동원해서 공부했죠. 실수도 많이 하고 잘못도 하면서 하나씩 깨쳐갔는데, 그때 그 희열을 지금도 잊지 못해요. 처음엔 생존을 위해 중국어를 배웠지만, 시간이 지날수록 중국어는 언어의 차원을 넘어 저를 성장시킨 소중한 기회가 되었어요. 홍 대리님을 보며 그때가 생각났어요. 이렇게까지 간절하게 배우고자 하는 분인데, 제가 도와드릴 수 있다면 오히려 영광이죠."

홍 대리는 멍하니 문 소장을 바라보았다. 모르는 사람의 부탁이니 그냥 지나칠 수도 있는데 여기까지 나와 준 것은 물론, 자신의 진심에 귀 기울여주고 마음을 받아주었다는 사실이 감격스러웠다.

'역시 뭐가 달라도 다른 사람이구나.'

처음엔 중국어를 배우고 싶다는 열망이 강했지만 이제는 문 소장이 지닌 삶의 태도도 배우고 싶다는 생각이 들었다. 진심에는 진심으로 화답하는 법. 홍 대리는 깍듯하게 고개를 숙였다.

"실망시켜드리지 않을 만큼 열심히 하겠습니다!"

"하하하. 믿음직스러운데요?"

문 소장은 호탕하게 웃으며 다음에 만날 날을 기약했다. 홍 대리와 문 소장은 2주 후에 다시 만나자고 약속했다. 헤어지기 전, 문 소장은 악수를 청하며 이렇게 말했다.

"중국어에 시간과 정성을 들이고 애정을 쏟아보세요. 절대로 배신하지 않을 겁니다."

문정아와 함께하는 親 중국어

기본 발음 따라 해보기

이번에는 중국어의 발음에 대해 알아볼까요? 앞서 말씀드린 것처럼 '병음'이란 알파벳으로 중국어의 발음을 표기한 것입니다. 간혹 공부를 할 때 발음을 한국말로 표기해 따라 읽는 경우가 있는데, 그러면 '한국식 중국어'를 구사할 수도 있으니 주의해야 합니다. 그래서 가급적이면 한글로 표기해 따라 읽는 것보다 병음 그 자체를 읽는 것을 추천합니다.

먼저 중국어의 발음 구조 중 '운모'를 따라 해보겠습니다. 운모란 우리말의 '모음'과 비슷한 부분입니다. a는 '아', o는 '오어', b는 '뽀어'와 같이 발음하므로 영어 발음과 비슷해 쉽게 익힐 수 있죠. 다만 영어와 다른 낯선 발음들은 따로 정리하고 반복해 읽으면서 입에 착 붙여보도록 해야 합니다. 또 발음을 할 때 소리의 세기를 신경 써야 합니다. 예를 들어 '오어'의 경우 '오'는 강하게 소리 나는 반면 '어'는 약하게 소리가 나죠. 재미있고 오래 기억에 남도록 리듬을 살려 따라 해보세요.

• 운모 발음해보기 •

입을 크게 아 **아** a	사랑스럽게 오~머빠 **오**어 o
힘을 줘서 으어기여차 **으**어 e	치카치카 이 **이** i
섹시하게 우~ **우** u	위를 봐요 **위** ü

자, 이번에는 '성모'를 따라 해볼까요? 성모란 우리말의 '자음'과 비슷한 부분입니다. ㄱ, ㄴ, ㄷ처럼 음절이 시작되는 부분이죠. 중국어에는 총 21개의 성모가 있습니다. 소리가 나는 위치에 따라 성모를 분류해놓았는데요. 성모에 자주 결합되는 기본 운모를 붙여 리듬에 맞게 따라 해보세요.

• 성모 발음해보기 •

뽀글뽀글 뽀어 bo

포동포동 포어 po

모두 모여 모어 mo

원 투 쓰리 포어 fo

눈을 번쩍 뜨어 de

싹이 텄네 트어 te

소금 팍팍 느어 ne

살살 타일 르어 le

불이야 불을 끄어 ge

키가 쑥쑥 크어 ke

흐르고 흘러 흐어 he

꿀꽝나는 꿀벅지 ji

찰칵 김치 qi

여기요 택시 xi

혀를 차요 쯧쯔 zi

함께 춰요 왈츠 ci

어머나 읍쓰 si

즐거워요 zhi

빛을 쬐요 chi

스리슬쩍 shi

브라보 앙코르 ri

05 벽을 문으로 만드는
성조 연습

반복할수록 발음이 좋아지는
'용쟁혀투'의 비밀

문 소장에게 중국어 멘토링을 받게 된 이후 홍 대리는 회사의 중국 진출 관련 업무에도 박차를 가했다. 오전에는 생산 라인을 둘러보고 오후에는 박람회 준비로 사장, 디자인팀과 미팅을 했다. 콘셉트 방향이 결정돼야 그것을 바탕으로 기획안의 가닥도 잡을 수 있었다. 든든한 사부가 등을 밀어주고 있다고 생각하니 세상 두려울 것이 없었다. 홍 대리의 일하는 분위기는 박 팀장에게도 전해졌다. 점심 식사를 하다가 박 팀장이 슬쩍 옆구리를 찔렀다.

"홍 대리, 요즘 왜 그래? 아주 힘이 뻗쳐. 아하! 연애?"

"안 하거든요."

홍 대리는 그저 밥만 열심히 먹었다. 한두 달 후 중국어 실력을 쌓아 박 팀장을 깜짝 놀라게 해주고 싶었다.

홍 대리의 변화를 눈치챈 건 박 팀장뿐만이 아니었다. 며칠 후 어머니 김 여사도 궁금하다는 듯이 물었다.

"아들! 요즘 왜 그래? 뭔가 달라졌어. 혹시 연애……?"

"안 하거든요."

홍 대리는 어머니가 내미는 과일주스를 바닥까지 비웠다. 왜 사람이 변하면 연애로만 몰아가는지 알다가도 모를 일이었다. 하긴 자신도 예전 같았으면 누군가 변화된 모습을 보일 때 제일 먼저 연애를 떠올리곤 했다.

'어라? 그러고 보니 연애는 연애인가?'

문 소장은 중국어와 친해지라고 당부했다. 그렇다면 마음먹고 시작한 중국어 공부, 이왕이면 '중국어와 연애를 하는 것'도 좋겠다는 생각이 들었다. 그동안 자신이 중국어를 어렵게 느낀 이유가 발음이었는데, 문 소장 덕분에 발음에 대한 두려움이 사라졌다. 어렵게 느껴지기는커녕 쉽게 외울 수 있도록 앞에 재미있는 말을 붙이고 리듬까지 곁들이니 공부하는 재미가 쏠쏠했다.

"포동포동 포어! 사랑스럽게 오~어빠! 힘을 줘서 으어기여차!"

운모와 성모 앞에는 실생활에서 자주 쓰이는 말을 붙였다. 스스로도 칭찬해주고 싶을 만큼 만족스러웠다. 자신이 이렇게 창의적인 인간이었는지 서른이 넘어서야 알게 되다니, 조금은 아쉽기도 했다.

'조금만 더 일찍 재능을 알았다면 힙합으로 나갔을 텐데!'

이런 생각까지 하면서 스웨그 넘치는 동작을 해보였다. 사실 오늘 아침부터 홍 대리가 유난히 기분 좋은 이유는 문 소장을 만나는 날이었기 때문이었다. 소풍을 앞둔 초등학생처럼 마음이 들떴다. 이번에도 역시 약속 시간보다 일찍 가서 문 소장을 기다렸다.

문 소장 역시 10분 전에 도착했다. 자신이 일찍 와서 기다리길 잘했다는 생각이 들었다. 운모와 성모를 스웨그 넘치게 연습하는 이야기를 했더니 문 소장은 테스트를 해보자고 제안했다.

"홍 대리님, 혹시 '용쟁혀투'라고 들어보셨어요?"

"용쟁혀투요?"

"말 그대로 용과 혀가 싸우는 듯한 현상이죠. 한국어에 없는 중국어 발음을 반복적으로 연습하다 보면 혀에 경련이 일어나거든요. 제일 어려운 발음이 분명 있었을 텐데 무엇이었나요?"

"네, 있었어요! zhi(즐)하고 chi(츨), 그리고 shi(슬), ri(르)요. 아직도 잘 안 돼요."

"그게 모두 '권설음'이에요. 영어에서 r이나 f처럼 발음하기가 쉽지 않죠."

"그런데 권설음이 뭐예요?"

"혀를 말아 내는 소리를 뜻해요. 우리말에는 없는 발음이죠. 권설음을 잘 내는 데는 두 가지 비결이 있어요. 하나는 혀를 말 때 힘을 주지 않는 것이고, 또 하나는 혀가 입천장에 닿지 않게 하는 거예요."

홍 대리는 문 소장을 따라 해보았다. 그러나 혓속에 중국인이라도 살고 있는 듯 유창하게 발음하는 문 소장과 달리, 홍 대리는 혀에서 쥐가 나는 것 같았다.

"설명을 들을 땐 이해가 됐는데 막상 제대로 발음하기는 쉽지 않네요. 좀 쉽게 하는 방법 없을까요?"

"있죠. 이미 홍 대리님도 알고 있잖아요."

"네? 제가요?"

설마 이런 어려운 발음을 쉽게 하는 방법이 있을까 반신반의하며 던진 질문이었다. 그런데 문 소장은 너무나 간단하게 그런 방법이 있다고 대답했다. 게다가 이미 자신도 알고 있다니 어리둥절했다.

"홍 대리님이 운모와 성모를 연습하시던 대로 하면 돼요. 스웨그 넘치게요!"

문 소장이 장난스럽게 웃으며 말했다.

"언어는 반복이 생명이에요. 즐거워요 zhi(즐), 빛을[비츨] 쬐요 chi(츨), 스리슬쩍 shi(슬), 앙코르 ri(르). 이렇게 계속 반복하세요."

홍 대리는 아이처럼 즐겁게 따라 했다. 문 소장이 알려준 비법까지 더하니 훨씬 더 정확한 소리가 나왔다. 혀가 얼얼하긴 했지만 연습하면 연습할수록 발음이 좋아지는 것을 느꼈다. 문 소장은 가르치는 일이 천생 업인 듯한 사람이었다. 어려운 부분에서 막히면 할 수 있을 때까지 격려해주고 자신감을 불어넣어주었다. 함께 있으면 실시간으로 중국어 실력이 느는 것 같았다.

성조를 넘으려면 성조에 얽매이지 마라

"그럼 지금부터는 숫자 공부를 해볼까요?"

아차, 드디어 올 것이 왔다고 생각됐다. 이상하게도 숫자 앞에만 서면 작아지는 홍 대리였다. 평소에도 숫자에 강한 편이 아니었다. 어렸을 때 구구단을 외우는 것도 또래 아이들에 비해 더뎠다. 그때 어머니가 한숨을 쉬며 "숫자에 이렇게 약하니 돈 모으긴 글렀다"라고 혀를 찼던 기억이 떠올랐다. 그리고 그 말은 예언처럼 적중했다. 월급을 받으면 어디로 새는지 본인조차 몰랐던 것이다.

그러나 웃는 얼굴의 문 소장을 마주하고 있으니 평생 자신의 발목을 잡아온 '숫자 콤플렉스'도 이번 기회에 극복할 수 있을지 모른다는 용기가 샘솟았다. 어느 때보다도 몰두해보리라 굳게 다짐했다.

"숫자 연습은 성조 연습과도 이어져서 일석이조의 효과가 있어요. 아, 잠깐 쉴 겸 게임 한 판 할까요?"

"무슨 게임이요?"

게임이라면 자신 있었다. 친구들 사이에서도 홍 대리의 게임 실력은 수준급이었다.

"삼육구 게임 아시죠?"

"아, 그 게임……."

중국어를 공부하던 중이니 다른 게임을 할 리도 없었건만 괜히 헛물을 들이킨 사람처럼 멋쩍었다.

"숫자를 익히는 데 삼육구 게임만한 게 없죠."

문 소장이 먼저 시작했다.

"싼三(삼)!"

"리우六(육)!"

"지우九(구)!"

홍 대리도 10까지는 막힘없이 통과했다. 그러나 11을 넘어서면서 혀가 꼬이기 시작하더니, 긴장을 한 탓인지 나중에는 우리말로 된 숫자도 생각나지 않았다. 그저 어리바리하며 말을 웅얼거릴 뿐이었다. 게임은 싱겁게 끝났다. 문 소장의 완승이었다.

그 외에도 문 소장은 숫자로 성조를 연습할 수 있는 여러 가지 방법을 알려주었다. '중국어로 숫자를 공부하는 101가지 방법'으로 책을 한 권 써도 될 만큼 다양했다. 계단 오르며 숫자 세기, 하늘에 떠 있는 별 세기, 전화 걸 때 번호 읽기, 숫자 빙고 게임, 자동차 번호판 소리 내어 읽기 등 따로 공부하는 시간을 내지 않아도 생활 속에서 익힐 수 있을 것 같았다.

"제가 중국에 유학 갔을 땐 귀가 웅웅거리는 것 같았어요. 말의 속도와 성조, 중국인들의 큰 목소리가 합쳐져 들렸기 때문이었어요. 조금 지나니까 성조 때문에 말이 노래처럼 들리는 거예요. 그리고 방학 때 한국에 와서 부산에 갔는데 사방에서 중국어가 들려서 깜짝 놀랐어요. 다시 듣고 보니 '어데예' '와카노' 이런 말이었어요. 높낮이가 있는 경상도 사투리가 중국어와 비슷하게 들렸던 거죠."

문 소장이 어찌나 실감나게 억양을 살려 말하는지 이 대목에서는 홍 대리도 박장대소를 하고 말았다.

　"그때 이런 생각이 들더군요. 성조가 과연 중국어를 공부하는 데에 걸림돌일까? 성조가 걸림돌이라고 생각하니 그렇게 되는 건 아닐까? 성조를 성조라고 인식하지 않으면 어떨까?"

　문 소장은 쉽게 말하고 있었지만, 홍 대리의 귀에는 굉장히 철학적인 질문처럼 들렸다. 낯선 매트릭스 안에서 4차원 소녀를 만나 길을 잃은 것처럼 정신이 아득해졌지만, 다시 정신을 차릴 수 있었던 건 문 소장의 미소 덕분이었다.

　"홍 대리님 표정을 보니 제가 너무 멀리 나간 것 같네요. 사람들이 가끔 제 어딘가에 4차원 소녀가 살고 있는 것 같다고 말해요."

　'맞습니다. 맞고요.'

　차마 속마음을 입 밖으로 꺼낼 수는 없었다. 한편으로는 이런 문 소장의 모습이 한결 친근하게 느껴지기도 했다. 문 소장은 저 높은 곳에서 혼자 반짝이는 별이 아니었다. 눈부시게 밝은 별임에는 틀림없었지만, 차갑고 먼 존재가 아니라 옆에서 조곤조곤 길잡이를 해주는 동무 같은 존재였다.

　"성조 때문에 어려움을 겪었던 일이 오히려 제겐 성조를 해결하는 열쇠가 된 셈이었죠."

　"굉장한 경험을 하신 거네요?"

　"맞아요. 성조보다 더 중요한 것을 얻었으니까요."

"그게 뭔데요?"

"자신감이요."

"아……!"

"사실 중국어를 배울 때 가장 중요한 것은 '자신감'이에요. 자신감을 가졌다면 이미 반은 성공한 것이나 다름없죠. 홍 대리님은 벽을 문으로 만들어본 경험이 있으세요?"

"벽을 문으로 만든다고요?"

"네, 사람에게는 누구나 장애물이라고 생각되는 무언가가 있잖아요. 예를 들어 무대에 서서 강연을 한다든가, 혼자 먼 곳으로 여행을 간다든가, 내기 탁구를 친다든가 하는 거요. 다른 사람들이 볼 땐 저게 무슨 장애물인가 싶지만 본인한테는 굉장히 어려운 과제일 수 있어요. 심리적 장벽 같은 것도 포함해서요. 저는 수영을 못했어요. 물에 들어가는 것만 생각해도 무서웠죠."

"소장님께서는 수영이 벽인 셈이네요?"

"네, 정확히 말하면 '벽이었'어요. 예전엔 바다에도 거의 안 가고 호텔에 가도 수영장은 근처에도 안 갔어요. 그러다가 결혼을 하고 딸아이가 수영을 배우고 싶어 해서 같이 다녔는데, 저랑 달리 물을 참 좋아하는 거예요. 물속에서 그 아이는 마치 인어 같았어요."

딸아이에 대한 이야기를 하며 문 소장의 표정이 부드럽게 풀렸다. 문 소장 또한 딸 바보임에 틀림없었다. 또 다른 딸 바보 박 팀장이 떠올랐다. 딸 바보 둘이 만난다면 아마 죽이 척척 맞았을 것이다.

"아이가 물속에서 느끼는 자유로움을 저도 느껴보고 싶었어요. 내가 두려움만 극복할 수 있다면 아이와 소통할 수 있는 문 하나가 열릴 것 같았죠."

"그래서 수영을 배우셨어요?"

굳이 대답을 듣지 않아도 알 수 있었다. 문 소장이 환한 미소를 지었던 것이다. 두려움을 극복하고 어둠을 빛으로 바꾼 자만이 가질 수 있는 미소였다. 순간 문 소장이 너무나 빛나 보였다. 조금은 질투가 날 정도였다. 홍 대리도 스스로 자랑스러울 만큼 벽을 문으로 만든 경험이 있는지 생각해보았다. 딱 하나 있었다. 그제야 움츠렸던 허리를 다시 폈다.

"저도 있어요! 벽을 문으로 만든 경험이요."

"그래요? 궁금한데요? 어떤 일이에요?"

"소장님을 중국어 사부님으로 모신 일이죠. 저에게는 엄청난 용기가 필요한 일이었거든요. 남들한테 막 자랑하고 싶을 만큼요."

문 소장이 아까보다 더 환하게 웃었다.

"벽을 눕히면 다리가 된다는 말 들어보셨어요?"

"처음 듣는 말인데요……."

"미국의 인권 운동가 안젤라 데이비스가 한 말이에요. 벽이라고 믿는 것을 밀어 눕힐 수만 있다면, 다른 세상으로 가는 다리가 될 수 있다고 말했죠. 벽이라고 생각했던 것, 즉 장애물이라고 믿었던 것을 극복할 수 있다면 전혀 다른 세상이 펼쳐져요. 벽으로 생각했던 성조가 오히려 중국어의 세계로 들어갈 수 있는 문이자 다리일 수 있어요. 성조는 골칫덩이가 아니에요. 오히려 성조 때문에 노래를 부르듯 중국어를 재미있게 공부할 수 있으니까요."

"미운 오리 새끼가 알고 보니 백조였다는 말이죠?"

"하하하. 적절한 비유네요. 홍 대리님도 어느 순간 성조 덕분에 중국어가 얼마나 아름다운지를 느끼게 될 거예요. 그때가 바로 중국어와 사랑에 빠지는 순간이죠."

홍 대리는 꼭 중국어와 사랑에 빠지겠다고 다짐했다. 그때가 되면 누가 연애를 하냐고 물어도 당당하게 그렇다고 대답할 수 있을 것 같았다. 약속한 두 시간이 2분처럼 빠르게 지나갔다. 문 소장은 오늘의 멘토링을 마무리하며 발음 때문에 중국에서 겪었던 자신의 에피소드를 들려주었다.

"저도 발음 때문에 공포에 떨었던 일이 있었어요. 중국에 간 지 일주일쯤 되었을까? 룸메이트 언니와 물건을 사러 나갔죠. 우리가 가려던 곳은 '우이시장'이라는 곳이었어요. 길을 잘 몰라서 택시를 탔는데, 중국어에 자신이 없으니 '우이슬챵'이라는 말을 아주 작게 한 거예요. 기사 분께서 못 알아들으셨는지 되묻기만 하더군요. 그러더니 갑자기 낯선 곳을 달리기 시작했어요. 아저씨 인상도 험해 보이고 어찌나 겁이 나던지……. 별별 생각이 다 들었어요. '어렵게 중국에 왔는데 내가 여기에서 죽는구나'라고 생각했죠. 택시가 서는 순간 한 남자가 다가왔어요. 심장이 미친 듯이 뛰는데 도와달라는 말이 목구멍 밖으로 안 나오더라고요."

"그래서 어떻게 했어요?"

"택시로 다가온 남자가 어디 가느냐고 물었어요. 한국말로요. 우리가 하는 말을 못 알아들으니 한국말을 할 줄 아는 사람에게 데려간 거였어요. 나중에 알고 보니 '3성'을 제대로 발음하지 못해서 벌어진 일이었죠. 이후로도 중국어를 못해서 벌어진 실수들이 엄청나게 많았어요. 저도 초보 땐 정말 못했어요. 저에 비하면 홍 대리님은 정말 훌륭할 만큼 잘하고 계신 거예요."

홍 대리는 새삼 마음이 뭉클해졌다. 문 소장의 따뜻한 마음이 고스란히 느껴졌다. 생면부지의 자신에게 중국어를 가르쳐주는 것도 고마운데, 자신의 실수담까지 전해주며 격려를 해주다니 감사와 존경의 마음이 더욱 커졌다.

'하면 되겠구나. 하면 된다!'

홍 대리는 당장 꽃을 피우려고 욕심을 부리기보다 뿌리를 튼튼히 내리겠다고 다짐했다. 뿌리를 깊게 내리면 내릴수록 자신의 중국어는 더 탐스러운 꽃을 피울 게 분명하니까.

성조 따라 해보기

많은 분이 '성조'라는 벽 때문에 중국어를 어렵게 느끼곤 합니다. 성조는 소리의 높낮이를 뜻하며, 높낮이를 다르게 함에 따라 1성, 2성, 3성, 4성, 경성으로 나뉘죠. 각각의 성조는 운모의 주요 모음 위에 네 가지 부호로 표시됩니다(경성은 성조 부호가 따로 없음). 중국어는 같은 음절이라고 해도 높낮이에 따라 아예 다른 뜻이 되기도 합니다.

그런데 성조 역시 딱딱한 이론으로 공부할 필요가 없습니다. 그러면 공부를 시작도 하기 전에 지쳐버리겠죠? 앞선 발음 연습처럼 성조 역시 리듬에 맞춰 연습할 수 있습니다.

제 제자 중에 성악을 전공한 친구가 있었는데, 중국어를 너무 쉽게 잘 따라 하기에 유심히 관찰해보았죠. 이 친구는 각 단어를 노래처럼 소리로 기억했다가 본인이 익힌 방법대로 따라 해서 금세 단어와 문장을 외웠던 것입니다. 이처럼 음감이 있는 친구들이 중국어를 더 빨리, 쉽게 익히는 모습을 보고 '중국어는 한국인이 배우기에 최적화된 언어'라는 생각을 했습니다. 우리 한국 사람들은 흥이 넘치는 민족이고, 노래방에 가도 대부분 노래를 잘 부르잖아요! 그럼, 다섯 가지 성조를 따라 해볼까요?

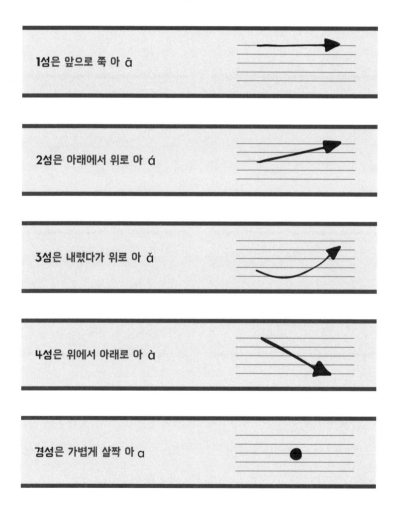

1성은 앞으로 쭉 아 ā

2성은 아래에서 위로 아 á

3성은 내렸다가 위로 아 ǎ

4성은 위에서 아래로 아 à

경성은 가볍게 살짝 아 a

•성조 발음 주의사항•

성조를 발음할 땐 주의해야 할 몇 가지 사항이 있습니다. 먼저 3성의 성조 변화인데요. 3성이 연속해서 두 번 나올 때는 앞의 3성은 2성으로 발음됩니다.

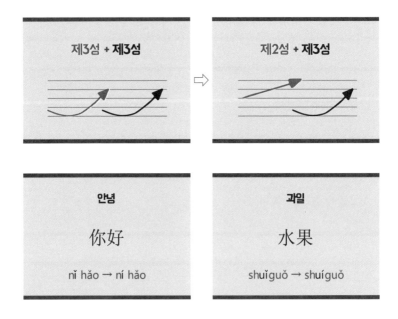

또 숫자 1을 뜻하는 一(yī)이 나오는 경우인데요. 一은 본래 1성이지만, 뒤에 1성, 2성, 3성이 오면 一의 성조는 4성으로 발음이 되고, 뒤에 4성, 경성이 오면 2성으로 발음합니다. 예시를 살펴볼까요?

마지막으로 부정의 의미를 뜻하는 말 不(bù)의 변화인데요. 不는 원래 4성이지만 뒤에 4성이 오면 2성으로 발음합니다.

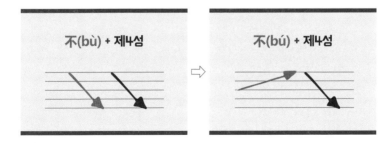

틀렸어	못해
不对	不会
bù duì → bú duì	bù huì → bú huì

중국어 공부를 시작한 '첫날'을 기억하나요?

"중국어를 공부하고 싶다!"

처음 굳게 마음먹었던 그날을 기억하시나요? 필요에 의해서든 흥미에 의해서든 이유는 각자 다르겠지만, 이 책을 집어 든 누구에게나 중국어를 간절히 공부하고 싶었던 '첫날'이 있었을 것입니다. 그 하루를 잠깐 떠올려볼까요? 중국어를 유창하게 하는 모습을 떠올리며 가슴 두근거리진 않았나요? 중국과의 비즈니스를 성공적으로 해내는 모습을 상상하며 환한 미소를 짓진 않았나요? 여행을 가서 중국인과 친구가 되는 모습을 그려보진 않았나요? 중국어 공부를 시작하기로 마음먹었던 그날은 분명 여러분의 인생에서 '의미 있는 하루'였을 것입니다.

지금은 세계적인 작가로 해마다 노벨문학상 후보에 오르는 무라카

미 하루키는 야구장에서 처음 소설을 써야겠다는 생각을 품었다고 합니다. 그날 이후 하루키는 낮에는 일을 하고, 밤에는 부엌 식탁에 앉아 소설을 썼습니다. 이렇게 쓴 소설로 군조 신인문학상을 수상하고, 이후 베스트셀러 작가로 성장했죠. 지금 그가 쓴 책은 50개 이상의 언어로 번역되어 전 세계적으로 수백만 부 가까이 팔렸지만, 그에게도 분명 소설을 쓰기 시작한 최초의 하루가 있었을 것입니다.

높은 산의 정상에 오르는 일도 첫 번째 발걸음에서 시작됩니다. 중국어 공부도 마찬가지입니다. 하루가 쌓여 일주일이 되고, 일주일이 쌓여 1년이 되고 10년이 되는 것처럼 중국어도 단어 하나, 문장 하나가 모여 '나만의 언어'가 됩니다. 그리고 무척 신기한 사실은 언어가 때때로 우리가 상상하지 못했던 '미지의 세계'로 데려가준다는 것입니다. 저도 중국어를 처음 배웠을 때 '문정아중국어연구소'의 주인공이 될 줄은 꿈에도 몰랐거든요.

제가 중국어를 배우게 된 계기는 엄마의 권유 때문이었습니다. 엄마는 제가 고등학교 1학년 때 사고로 허리를 다쳐 몇 개월간 누워만 계셨습니다. 갖은 방법을 다 동원해서 치료를 했지만 별로 소용이 없었죠. 그러다가 엄마의 지인께서 소개해주신 한의원에서 침을 맞고는 자리에서 벌떡 일어나 걷게 되었습니다. 그야말로 '기적'을 보는 것 같았어요. 당시에 이과생이었던 저는 엄마의 완쾌를 보며 '중의학' 쪽으로 진로를 결정했습니다.

그렇게 중국으로 유학을 갔습니다. 5년 동안의 유학생활은 솔직히 말해 너무 힘들었습니다. 제가 말하는 중국어가 통하지 않았고, 배우는 내용도 따라가기 어려웠습니다. 이를 악물고 공부했습니다. 인체의 원리와 한약재의 효능, 침구 실습 등 첩첩산중의 코스를 마치고 무사히 졸업을 했죠. 그런데 이런 제가 중국어 강사로 활약하게 될 날이 오리라고 예상이나 했을까요?

그래서 인생은 참 재미있는 것 같습니다. 뜻을 품고 가다 보면 마음먹은 일이 반드시 이루어지기도 하지만, 곳곳에 예상치 못한 깜짝 선물이 숨어 있기도 하거든요. 저도 그런 인생을 선물 받았습니다. 하지만 하루키가 처음부터 세계적인 작가가 아니었듯이, 저도 애초부터 명강사 문정아가 아니었습니다.

유학을 마치고 귀국을 했는데 길이 보이지 않았습니다. 어렵게 취직을 하긴 했는데 중의학 전공을 충분히 살릴 수 있는 곳도 아니었고요. 2년 동안 열한 가지가 넘는 일들을 하며 버텨야 했습니다. 그 와중에 한 가지 놓지 않았던 일이 있었는데, 그게 바로 '중국어를 가르치는 일'이었습니다. 회사 일보다 중국어를 가르치는 일이 더 적성에 맞고 즐겁다는 것을 깨닫기 시작했어요. 본격적으로 해보고 싶다는 마음도 점점 커졌습니다. 강사 자리를 알아봤지만 중국어 전공자가 아니다 보니 면접은커녕 서류 전형에서부터 죄다 떨어졌습니다. 하지만 포기하지 않고 도전한 끝에 드디어 합격의 기쁨을 맛볼 수 있었죠.

의욕에 가득 차서 중국어 강사로 새 출발했지만, 새내기 강사가 맡을 수 있는 강의는 좋은 시간대도 아니었고 좋은 강좌도 아니었습니다. 초급부터 고급까지, 어법과 독해, 회화 등 모든 과목을 맡아야 했습니다. 수업이 제각각이니 준비를 하는 데 시간이 많이 걸렸지만, 저를 믿고 자리에 앉아 있는 학생들의 눈빛을 보며 마음을 다잡았습니다. 하지만 어떤 날은 학생이 세 분만 앉아 있던 날도 있었습니다. 심지어 한 분을 앞에 두고 수업을 하기도 했죠. 의욕만으로는 부족하다는 것을 절감한 나날이었습니다.

'어떻게 하면 수업을 더 잘할 수 있을까?'

당시 제 머릿속은 온통 이 한 가지 생각뿐이었습니다. 제 앞에 앉은 한 분 한 분을 절대로 실망시켜드리고 싶지 않았거든요. 이른 새벽부터 늦은 밤까지 귀한 시간을 쪼개어, 졸음을 참아가며 오신 분들이었습니다. 이런 분들을 앞에 두고 수업을 하다 보면 마음가짐이 달라질 수밖에 없습니다. 그들의 간절한 눈빛은 약해지는 제 마음을 강하게 만들었습니다. 열심히 따라 하는 목소리를 들으면 저도 모르게 황소힘이 샘솟았습니다.

'오늘 하루만이 있을 뿐이다.'

정말로 최선을 다해 하루하루를 살았던 것 같아요. 다음 날은 없는 것처럼 혼신을 다해 강의를 하고 나면 몸은 힘들어도 마음 깊은 곳에서는 희열감이 샘솟았습니다. 새벽부터 밤늦게까지 이어지는 강의를 소화할 수 있었던 것은 함께 울고 웃으며 공부했던 저의 학생들 덕분이었습니다. 기운이 떨어져 울적해도 강의실에만 들어가면 힘이 났습니다. 저와 마주보며 공부했던 모든 학생들, 그분들이야말로 제 스승이었습니다.

지금도 저는 처음 중국어를 배웠던 날, 그리고 처음 학생들과 마주했던 날을 떠올리곤 합니다. 뜻을 품고 꿈을 꾸며 한 발자국 내딛었던 그날, 힘들고 지쳤을 때 그때의 기억을 불러와 고스란히 느껴보면 다시 하루를 살아갈 수 있는 용기를 얻습니다.

여러분에게도 그러한 하루가 있나요? 중국어를 처음 배우겠다고 결심하고 행동으로 옮겼던 최초의 하루, 좌절하고 실패한 후 다시 용기를 냈던 또 최초의 하루 말이에요. 지금 내딛는 걸음 하나가 자신을 어디로 데려갈지 선명하게 그려지지 않는다고 해도 괜찮습니다. 중국어 공부가 아무리 어렵게 느껴져도, 발음 때문에 혀에 쥐가 나도 괜찮습니다. 자신을 믿고 한 걸음씩 내딛어보세요. 한 걸음 한 걸음 따라가다 보면 결국 멋진 인생길을 걷게 될 테니까요.

문법을 몰라도 매일 쓰는 그 말,
할 수 있어요!

2부

저절로 말문이 터지는
마법의 공식

하나를 알면 열을 깨치는 '패턴 중국어'

문장의 뼈대를 잡고 응용하라

홍 대리는 공부하다 모르는 게 생기면 문 소장에게 메일이나 문자 메시지를 보냈다. 홍 대리가 어떤 질문을 하든지 문 소장은 정확하고 자세하게 답변을 보내주었다. 귀찮을 법도 한데 한 번도 거르는 적이 없었다. 더 고마운 일은 물어본 것뿐만 아니라 그와 연관된 내용도 함께 알려준다는 것이었다.

'이런 사부님 밑에서 중국어를 못한다면, 그건 내 탓이다!'

홍 대리가 바쁜 일상을 보내면서도 꾸준히 중국어 공부를 할 수 있었던 원동력은 8할이 문 소장의 지지와 격려에서 나왔다. 덕분에 홍 대리의 중국어 실력도 조금씩 나아지고 있었다.

공부에 더욱 박차를 가하게 된 결정적 계기는 회사의 중국 진출 업무가 진척을 보였기 때문이었다. 홍 대리가 한 달 이상 공들여 만든 기획안이 드디어 통과된 것이었다.

"잘했어, 홍 대리! 이번 출장도 같이 가자고."

박 팀장이 함박웃음을 지으며 홍 대리의 등을 두드렸다.

"네, 감사합니다! 팀장님 덕분입니다!"

"무슨 소리야. 이번 건 확실히 자기 공이지."

홍 대리가 박 팀장을 믿고 따르는 이유는 절대로 부하의 공을 가로채는 법이 없기 때문이었다. 가로채기는커녕 팀원이 좋은 아이디어를 내면 적극적으로 나서서 도와주고, 스스로 해낼 때까지 지켜봐 주었다. 이런 성품을 지닌 박 팀장이었기에 팀원들은 물론 사내에도 그를 따르는 후배들이 많았다.

'난 참 운이 좋은 놈이구나.'

홍 대리는 스스로 이렇게 생각했다. 회사에서는 믿고 의지할 수 있는 상사가 있었고, 회사 밖에서는 출중한 실력과 온화한 인품을 지닌 스승이 있었다. 게다가 자신이 기획한 일이 채택되어 회사의 큰 프로젝트로 발전했다. 놓칠 수 없는 기회였기에 홍 대리는 중국어 공부에 더욱 열을 올렸다. 문 소장을 만나기로 한 날까지 몇 번이고 반복하며 충실하게 복습했다.

"발음이 아주 좋아졌네요. 연습을 열심히 하셨나 봐요. 말 그대로 '학습'을 하셨네요."

"학습이요?"

"네, 배우고 익히셨잖아요. 배우기만 하고 자기 것으로 익히지 않으면 학습이 아니죠. 툭 치면 탁 하고 나올 정도가 돼야 학습이라고 할 수 있어요. 처음에는 열심히 중국어를 공부해도 시간이 지나면 하나둘 잊어버리는 이유가 '학'만 되어 있고 '습'이 안 되어 있어서 그런 거예요. 외우고 있는 것과 완전히 아는 것은 하늘과 땅만큼 차이가 커요."

홍 대리는 문 소장에게 가르침을 받기 전 자신이 했던 중국어 학습을 떠올려보았다. 열심히 하기는 했지만 '습'으로 남은 것은 거의 없었다. 차이점이 무엇인지 곰곰이 생각해보니, 중국어를 '말'하려고 하기보다 '이해'하려고 했기 때문이었다. 말하기 위해서 중국어를 배우는데, 정작 지식으로만 이해하고 있었던 것이다. 문 소장과 공부를 하면 머리로만 이해되는 게 아니라 스펀지처럼 몸으로 중국어를 흡수하는 기분이 들었다.

"말로 중국어를 익히니까 공부가 훨씬 재미있고 쉬워요."

"기본적으로 언어의 목적은 '소통'이니까요. 말이 통해야 흥미를 잃지 않고 꾸준히 할 수 있어요."

"조금씩 말을 하게 돼서 그런가, 요즘은 중국어 공부가 진짜 재미있어요. 하면 할수록 더 잘하고 싶은 마음도 생기고요."

문 소장을 만날 때마다 즐거운 이유도 알 것 같았다. 말이 통한다는 기쁨을 느꼈기 때문이었다.

"홍 대리님, 하나를 배우면 열을 깨치는 중국어 공부에 대해 알고 계신가요?"

"그런 게 있어요?"

그런 비법을 알고 있을 리가 없었다. 그랬다면 자신의 중국어 실력은 박 팀장을 능가했을 것이다. 홍 대리는 다음 출장길에서 박 팀장을 깜짝 놀라게 만들고 싶었다. 그렇기에 문 소장이 말한 '하나를 배우면 열을 깨치는 중국어 공부법'이 무엇인지 궁금했다.

"그건 바로 '반복되는 패턴'으로 배우는 거예요."

"패턴이요? 같은 구조를 반복하는 건가요?"

"네, 맞아요. 같은 문장 구조 하나에 단어만 갈아 끼우는 식이에요. 단어 열 개만 바꿔도 열 문장을 알게 되는 거죠."

"아하! 그래서 하나를 배우면 열을 깨치는 거군요!"

"그럼 내친김에 연습을 한번 해볼까요? 따라 해보세요. 니 취 마 你去吗(너는 가니)?"

"니 취 마?"

"좋아요. 이번엔 '가다'라는 뜻의 '취去' 대신 '사다'라는 뜻의 '마이买'를 넣어볼게요. 니 마이 마 你买吗(너는 사니)?"

"니 마이 마?"

"잘했어요. 하나 더 해볼까요? '바쁘다'라는 뜻의 '망忙'을 넣어서 니 망 마 你忙吗(너는 바쁘니)?"

"니 망 마?"

"훌륭해요! 이번엔 한 번에 세 문장을 혼자 말해볼까요?"

"니 취 마? 니 마이 마? 니 망 마?"

집중해서 배운 것을 말하자 저절로 말에 리듬이 생겼다. 문 소장이 만족스러운 표정을 지었다.

"이번엔 앞에서 말한 세 단어를 활용해 부정 패턴을 말해볼까요? 워 부 취我不去(나는 안 가)."

"워 부 취."

"워 뿌 마이我不买(나는 안 사)."

"워 뿌 마이."

"워 뿌 망我不忙(나는 안 바빠)."

"워 뿌 망."

"자, 이번에도 단번에 가봅시다. 워 부 취, 워 뿌 마이, 워 뿌 망."

"워 부 취, 워 뿌 마이, 워 뿌 망."

카페에 있는 사람들이 두 사람을 흘깃흘깃 쳐다보았다. 남들이 볼 때는 유치하게 보일지 모르겠지만, 홍 대리는 아랑곳하지 않고 열심히 따라 했다. 뼈대가 되는 핵심 문장을 익힌 후 단어를 바꿔 말하자 무궁무진한 문장이 만들어졌다. 하나를 배우면 열을 깨치는 게 아니라 백 개, 천 개, 만 개를 알게 될 것 같았다.

"이거 진짜 신기하네요. 새로운 것을 말하는 동시에 반복도 되고, 완전 일석이조인데요?"

"거기에 말할수록 리듬까지 입에 붙으니 일석삼조죠."

"아니에요. 자신감도 생기고, 단어 공부도 되고, 발음도 좋아지니, 어디 보자…… 일석육조네요."

'패턴 중국어'의 장점은 어마어마했다. 원리는 간단했지만 효과는 강력했다. 반복할수록 기본 문장이 입에 착 붙는 것은 물론, 다양한 단어도 자연스럽게 익힐 수 있었다.

'이렇게 재미있게 공부할 수 있다니, 중국어 포기하지 않기를 정말 잘했어!'

홍 대리는 앞으로 꼭 배워야 하거나 해야 할 일이 있을 때 힘들다고 쉽게 포기하지 않기로 결심했다. 한 번 더 도전하면 새로운 기회가 열린다는 것을 알았으니까 말이다.

패턴 중국어를 알고 나니 우리말도 자꾸만 패턴이 만들어졌다.

"엄마, 나 돈가스 먹고 싶어. 아니, 치킨 먹고 싶어. 아니, 피자 먹고 싶어."

계속 이런 생각이 떠오르는 게 민망하기도 하고 웃기기도 했다. 이러다가는 패턴에 중독될 것만 같았다. 하지만 뭐 어떠랴 싶었다. 이렇게 좋은 중독이라면 얼마든지 심하게 중독되어도 괜찮겠다고 생각했다.

패턴으로 문장의 기본기 다지기

중국어 공부의 기본은 단연코 '패턴'입니다. 아주 간단한 문장 패턴 위에 단어만 바꿔 얹어도 한 번에 수십 가지 문장을 익힐 수 있기 때문입니다. 반복을 통해 익히니 막무가내로 단어를 외우고 문장을 연습하는 것보다 훨씬 더 기억에 오래 남고요. 문법을 몰라도 회화가 가능해지고, 이후에는 자연스럽게 문법까지 익힐 수 있는 놀라운 공부 비법이기도 합니다. 자, 그럼 이번에는 홍 대리가 배운 문장들을 포함해 짧은 패턴의 문장들을 소리 내어 따라 해볼까요?

★ 기본패턴1

너는 ~하니?	너는 가니?
你~吗? Nǐ ~ ma?	你去吗? Nǐ qù ma?

너는 사니?	너는 바쁘니?
你买吗?	你忙吗?
Nǐ mǎi ma?	Nǐ máng ma?
너는 보니?	너는 먹니?
你看吗?	你吃吗?
Nǐ kàn ma?	Nǐ chī ma?

★ 기본패턴2 ※ 不뒤에 4성에 해당하는 글자가 오면 不는 2성으로 발음된다.

나는 안 ~.	나는 안 가.
我不~。	我不去。
Wǒ bù ~.	Wǒ bú qù.
나는 안 사.	나는 안 바빠.
我不买。	我不忙。
Wǒ bù mǎi.	Wǒ bù máng.
나는 안 봐.	나는 안 먹어.
我不看。	我不吃。
Wǒ bú kàn.	Wǒ bù chī.

★ 기본패턴3

~는 어디에 가니?	너는 어디에 가니?
~去哪儿?	你去哪儿?
~ qù nǎr?	Nǐ qù nǎr?
그는 어디에 가니?	그녀는 어디에 가니?
他去哪儿?	她去哪儿?
Tā qù nǎr?	Tā qù nǎr?
너희는 어디에 가니?	그들은 어디에 가니?
你们去哪儿?	他们去哪儿?
Nǐmen qù nǎr?	Tāmen qù nǎr?

★ 기본패턴4

~는 ~에 가. ~去~。 ~ qù ~.	나는 은행에 가. 我去银行。 Wǒ qù yínháng.
그는 학교에 가. 他去学校。 Tā qù xuéxiào.	그녀는 이마트에 가. 她去易买得。 Tā qù Yìmǎidé.
우리는 맥도날드에 가. 我们去麦当劳。 Wǒmen qù Màidāngláo.	그들은 스타벅스에 가. 他们去星巴克。 Tāmen qù Xīngbākè.

어떤가요? 네 가지 기본 패턴만으로 스무 문장이나 익힐 수 있죠? 자신이 공부한 다른 단어를 이용해 더 많은 문장을 만들어보고 반복해서 말해보세요. 문법을 따로 공부하지 않아도 패턴으로 문장을 익히면 저절로 말이 입에 착 붙는답니다. 결과적으로는 문법도 자연스럽게 깨치는 셈이죠.

★ 你 nǐ 너, 당신 | 去 qù 가다 | 吗 ma ～이니?, ～입니까? | 买 mǎi 사다 | 忙 máng 바쁘다 | 看 kàn 보다 | 吃 chī 먹다

★ 我 wǒ 나 | 不 bù ～이 아니다

★ 哪儿 nǎr 어디 | 他 tā 그 | 她 tā 그녀 | 你们 nǐmen 너희(들) | 他们 tāmen 그들

★ 银行 yínháng 은행 | 学校 xuéxiào 학교 | 易买得 Yìmǎidé 이마트 | 我们 wǒmen 우리(들) | 麦当劳 Màidāngláo 맥도날드 | 星巴克 Xīngbākè 스타벅스

문장에 가지를 치는
'확장 중국어'

더 길게, 더 구체적으로 표현하는 법

"패턴 중국어에 익숙해진 것 같으니 한 단계 더 나가볼까요?"

"네! 지금 상태라면 뭐든 할 수 있을 것 같아요."

"그럼 줄기를 만들었으니 이번에는 그 줄기를 여러 개로 확장해 보는 연습을 해볼게요. 이른바 '확장 중국어'라고 해요."

"표현이 더 확장된다는 말씀이시죠?"

"맞아요. 패턴 중국어 연습이 나무의 중심이 되는 '줄기'를 잡는 것이었다면, 확장 중국어 연습은 문장에 '가지'를 하나씩 치는 거예요. 우리말로 예를 들면 이런 건데요. '나는 사다'에서 출발해볼까요? '나는 사다'라는 기본 문장에 목적어를 하나 붙여보세요."

"음…… 나는 '채소를' 산다."

"좋아요. 그럼 '나는 채소를 산다'라는 문장에 채소를 '꾸미는 말'

하나를 붙여보면요?"

"나는 '신선한' 채소를 산다."

"마지막으로 그 문장에 '장소'를 하나 붙여볼게요."

"나는 '마트에서' 신선한 채소를 산다."

"그럼 이번에는 중국어로 해볼까요? 제가 먼저 해볼 테니 잘 듣고 따라 해보세요."

"네, 시작하시죠!"

패턴을 연습하면서 자신감이 한껏 올라온 상태였다. 홍 대리는 출격을 앞둔 비행선을 탄 기분으로 우렁차게 대답했다.

"워 마이 我买(나는 산다)."

"워 마이."

"워 마이 슈차이 我买蔬菜(나는 채소를 산다)."

"워 마이 슈차이."

"워 마이 씬씨엔 슈차이 我买新鲜蔬菜(나는 신선한 채소를 산다)."

"워 마이 씬씨엔 슈차이."

"워 짜이 챠오슬 마이 씬씨엔 슈차이 我在超市买新鲜蔬菜(나는 마트에서 신선한 채소를 산다)."

"워 짜이 챠오슬 마이 씬씨엔 슈차이."

홍 대리는 천천히 그러나 정확하게 끝까지 말했다. 실수도 하지 않았고 더듬거리지도 않았다. 자신이 듣기에 발음도 썩 괜찮았다. 네 문장이었지만 제법 유창하게 느껴지는 중국어가 홍 대리의 입에서 흘러나왔다.

문 소장과 홍 대리는 네 문장을 연속적으로 세 번 더 반복했다.

"이번엔 홍 대리님 혼자 처음부터 해보시겠어요?"

"저 혼자서요?"

홍 대리는 자신도 모르게 이렇게 말하고는 멋쩍은 듯 웃었다. 엄마 치맛자락을 놓고 난생 처음 혼자 심부름을 떠나는 어린아이의 심정과도 같았다. 문장이 조금 길어지자 단순한 문장을 말할 때보다 긴장됐다.

'이게 뭐라고 긴장이 되나.'

홍 대리는 잠시 목청을 가다듬고 첫 문장을 말하기 시작했다.

"워 마이, 워 마이 슈차이, 워 마이 씬씨엔 슈차이, 워 짜이 챠오슬 마이 씬씨엔 슈차이."

긴장했던 것과 달리 일단 말을 시작하자 끝까지 깔끔하게 완성했다. 세 번째 문장을 말할 때부터는 왠지 모르게 여유도 생겼다. 문 소장이 환하게 웃으며 박수를 쳤다.

"쩐 빵真棒(정말 훌륭해요)! 습득 능력이 대단하시네요!"

홍 대리는 쑥스럽다는 듯 웃으며 뒤통수를 긁적였다. 유치원생이나 말할 법한 간단한 문장이었지만, 문 소장에게 칭찬을 받고 나니 세계 최고의 입학 시험에 통과한 것처럼 기뻤다. 의욕과 자신감이 순식간에 솟구쳤다.

千里之行 始于足下,
천리 길도 한 걸음부터!

이후에도 문 소장과 함께 몇 가지 문장을 더 연습했다. 홍 대리는 어느 때보다도 열심히 따라 했다. 패턴 중국어를 먼저 익힌 덕분에 문장의 구조가 더 쉽게 들어왔다. 이해하려고 애쓰기보다는 말하는 데에 주력하면서 반복했다. 맛있게 구워진 고기를 먹듯 중국어가 입에 착착 달라붙었다.

"이렇게 연습하니까 어떠세요?"

"더 쉽고 재미있어요. 짧은 문장이 조금씩 길어진다고 생각하니, 역시 언어는 한순간에 완성되는 게 아니라는 생각이 드네요."

"맞아요. 그래서 '기초'를 튼튼히 하는 게 중요해요. 중국어 공부를 마치 멋진 건축물을 세우는 일이라고 생각해보세요. 초기 공사를 잘해야겠죠? 건물을 세울 때 벽돌 하나라도 허투루 여기지 말고 제대로 놓아야 전체적으로 균형이 잡히는 것처럼 말이죠. 우리가 지금까지 말한 문장들은 주어, 술어, 목적어, 관형어, 부사어라는 성분으로 이루어져 있어요. 앞서 패턴에서는 중국어의 기본 뼈대에 해당하는 줄기를 연습했죠?"

"아, 그래서 패턴 중국어를 먼저 가르쳐주신 거군요!"

"그렇죠. 줄기가 튼튼해야 가지도 마음 놓고 옆으로 쭉쭉 뻗어나가니까요."

주어, 술어, 목적어의 어순은 영어의 문장 구조와 같았다. 여기에 나머지 단어를 술어 앞쪽이나 뒤쪽에 하나씩 붙이면 되니까 영어보다 문장을 만드는 게 간단했다. 헷갈릴 염려도 없었다. 단어를 하나씩 붙여나가는 방식이다 보니 자연스럽게 앞에 나왔던 주어, 술어를 반복하게 됐다. 저절로 단어와 문장이 입에 붙었다. 아무리 긴 문장이라도 이렇게 반복해서 연습하면 문장을 외우는 수준을 넘어 확실히 아는 말이 될 것 같았다.

"굉장히 잘하고 있어요. 지금처럼만 하시면 돼요. 다만 너무 한꺼번에 확장하려는 욕심은 부리지 마세요. 급하게 지은 건물이 무너지기 쉬우니까요. 주어와 술어 문장부터 확실히 내 것으로 만든 다음에 문장 성분 하나를 추가해야 해요. 그런 다음 또 하나를 추가해서 연습하세요."

발음을 정확히 하는 연습을 통해 중국어의 뿌리를 다지고, 일정하게 반복되는 패턴으로 줄기를 세운 후, 하나씩 덧붙여가며 문장을 다채롭게 확장시키는 공부 방법은 홍 대리에게도 잘 맞았다. 우선 체계가 잘 잡혀서 중간에 헤맬 일이 없었다. 어렵다 싶으면 전 단계로 돌아가서 다시 연습할 수 있기 때문이었다.

"먼저 주어와 술어를 익히고, 습관이 되면 목적어를 붙이세요. 일정 기간 연습한 후에 확실하게 입에 붙으면 관형어를 붙이시고요."

"관형어는 채소 앞에 붙은 '신선한'처럼 꾸미는 말을 뜻하나요?"

"네, 주로 주어나 목적어를 수식하거나 제한하는 역할을 하죠."

"정리해보면 맨 처음 주어와 술어, 그리고 주어와 술어와 목적어, 그다음엔 주어와 술어와 목적어와 관형어, 마지막으로 장소에 해당하는 말이 부………."

"부사어라고 해요. 문장 전체를 수식하거나 술어 앞에서 술어를 수식하거나 제한하죠. 또 하나, 우리가 문장으로 만들지는 않았지만 '보어'라는 것도 있답니다. 보어는 술어 뒤에 놓여서 술어를 보충해주는 역할을 해요."

문 소장은 보어의 예시도 들어주었다. 앞에서 배운 문장인 '워 짜이 챠오슬 마이 씬씨엔 슈차이(나는 마트에서 신선한 채소를 산다)'의 경우, '완러完了(다하다, 완성하다)'라는 말이 '마이买(사다)' 뒤에 붙으면 '워 짜이 챠오슬 마이 완러 씬씨엔 슈차이我在超市买完了新鲜蔬菜(나는 마트에서 신선한 채소를 샀다)'라는 의미로 변한다는 것이었다.

"아…… 문법 이야기만 나오면 머리가 아파요."

"일단 문장이 입에 붙도록 충분히 말로 연습하세요. 굳이 어려운 용어를 써가며 문법을 설명해드린 이유는 확장 중국어가 만들어지는 원리를 알려드리려는 의도였으니까요. 말로 연습하면 어려운 문법도 금방 익숙해질 거예요. 지금은 문법이나 용어에 너무 얽매이지 않아도 돼요."

"그렇게 말씀해주시니 조금은 안심이 되네요. 결국 문법에 걸려 넘어지는 건가 걱정했거든요."

"언젠가 중국어를 배우는 목표가 더 커지고 뚜렷해져서 문법을 정복해야 할 때가 올 수도 있겠죠. 하지만 지금은 문장 전체를 외우고 말하는 게 실력 향상에 더 도움이 될 거예요. 홍 대리님이 중국어를 배우는 목표는 중국인과 소통하기 위해서잖아요?"

"아! 그렇죠. 하마터면 목표를 잊을 뻔 했네요!"

홍 대리는 연신 고개를 끄덕였다. 업무를 할 때 목표를 분명히 하고 일을 하는 것처럼, 중국어 공부도 마찬가지였다. 왜 중국어 공부를 시작하게 되었는지, 그 이유를 잊지 말자고 다짐했다. 패턴 중국어와 확장 중국어는 새로운 중국어 학습에 눈을 뜨게 해주었다.

확장으로 문장의 구조 익히기

언어는 한순간에 완성되는 것이 아니라 조금씩, 그리고 꾸준히 실력을 쌓아나가며 완성하는 것입니다. 그래서 처음부터 과욕을 부리기보다는 주어와 술어 구조의 간단한 문장부터 먼저 익히고, 이것이 완전히 자기 것이 되어 '탁 치면 툭 하고' 나올 만큼 말할 수 있게 되면, 그 뒤에 하나씩 추가로 문장 성분을 붙여나가야 하죠.

중국어로 문장을 만드는 것은 영어와 비슷하지만, 영어에 비해서 구조가 간단하기 때문에 훨씬 쉽습니다. 다만 특이한 점은 중국어에서의 보어는 술어 뒤에 붙어서 술어를 보충 설명하는 역할을 하지, 영어처럼 '주격보어'나 '목적격보어'가 존재하지 않다는 점이에요. 이 부분만 주의해서 기억해둡시다. 일단 문법을 의식하지 말고, 다음 문장들을 따라 해보며 문장의 느낌을 입에 익혀보세요.

❶

나는 산다.

我买。

Wǒ mǎi.

주어+술어

❷

나는 채소를 산다.

我买蔬菜。

Wǒ mǎi shūcài.

주어+술어+목적어

❸

나는 신선한 채소를 산다.

我买新鲜蔬菜。

Wǒ mǎi xīnxiān shūcài.

주어+술어+관형어
+목적어

❹ 나는 마트에서 신선한 채소를 산다.

我在超市买新鲜蔬菜。

Wǒ zài chāoshì mǎi xīnxiān shūcài.

주어+부사어+술어
+관형어+목적어

❺ 나는 마트에서 신선한 채소를 샀다.

我在超市买完了新鲜蔬菜。

Wǒ zài chāoshì mǎi wánle xīnxiān shūcài.

주어+부사어+술어
+보어+관형어+목적어

★ 확장표현2

❶ 언니는 마신다.

姐姐喝。

Jiějie hē.

주어+술어

❷ 언니는 커피를 마신다.

姐姐喝咖啡。

Jiějie hē kāfēi.

주어+술어+목적어

❸

언니는 아메리카노를 마신다.

姐姐喝美式咖啡。

Jiějie hē měishì kāfēi.

주어+술어+관형어
+목적어

---

❹

언니는 카페에서 아메리카노를 마신다.

姐姐在咖啡厅喝美式咖啡。

Jiějie zài kāfēitīng hē měishì kāfēi.

주어+부사어+술어
+관형어+목적어

---

❺

언니는 카페에서 아메리카노를 다 마셨다.

姐姐在咖啡厅喝完了美式咖啡。

Jiějie zài kāfēitīng hē wánle měishì kāfēi.

주어+부사어+술어
+보어+관형어+목적어

★ 확장표현3

❶

여동생은 먹는다.

妹妹吃。
Mèimei chī.

주어+술어

❷

여동생은 빵을 먹는다.

妹妹吃面包。
Mèimei chī miànbāo.

주어+술어+목적어

❸

여동생은 맛있는 빵을 먹는다.

妹妹吃好吃的面包。
Mèimei chī hǎochī de miànbāo.

주어+술어+관형어
+목적어

❹

여동생은 방에서 맛있는 빵을 먹는다.

妹妹在房间里吃好吃的面包。
Mèimei zài fángjiān li chī hǎochī de miànbāo.

주어+부사어+술어
+관형어+목적어

❺

여동생은 방에서 맛있는 빵을 다 먹었다.

妹妹在房间里吃完了好吃的面包。

Mèimei zài fángjiān li chī wánle hǎochī de miànbāo.

주어+부사어+술어
+보어+관형어+목적어

★ 확장표현4

❶

그들은 한다.

他们玩儿。

Tāmen wánr.

주어+술어

---

❷

그들은 게임을 한다.

他们玩儿游戏。

Tāmen wánr yóuxì.

주어+술어+목적어

---

❸

그들은 격투 게임을 한다.

他们玩儿格斗游戏。

Tāmen wánr gédòu yóuxì.

주어+술어+관형어
+목적어

❹ 그들은 PC방에서 격투 게임을 한다.

他们在网吧玩儿格斗游戏。

Tāmen zài wǎngbā wánr gédòu yóuxì.

주어+부사어+술어
+관형어+목적어

---

❺ 그들은 PC방에서 격투 게임을 실컷 했다.

他们在网吧玩儿够格斗游戏。

Tāmen zài wǎngbā wánrgòu gédòu yóuxì.

주어+부사어+술어
+보어+관형어+목적어

★ 我 wǒ 나 | 买 mǎi 사다 | 蔬菜 shūcài 채소 | 新鲜 xīnxiān 신선하다 | 在 zài ~에서 |
超市 chāoshì 마트, 슈퍼마켓 | 完 wán 끝내다, 마치다 | 了 le ~이 되었다

★ 姐姐 jiějie 언니, 누나 | 喝 hē 마시다 | 咖啡 kāfēi 커피 | 美式 měishì 미국식 | 咖啡
厅 kāfēitīng 카페, 커피숍

★ 妹妹 mèimei 여동생 | 吃 chī 먹다 | 面包 miànbāo 빵 | 好吃 hǎochī 맛있다 | 的 de ~한
| 房间 fángjiān 방, 룸 | 里 li 안, 속

★ 他们 tāmen 그들 | 玩儿 wánr (놀이·운동 등을) 하다 | 游戏 yóuxì 게임 | 格斗 gédòu 격투
하다 | 网吧 wǎngbā PC방 | 够 gòu 충분하다, 질리다

짝이 되는 표현을 묶어 통으로 외워라

어휘력이 급상승하는 짝꿍 단어 기억법

휴대폰 벨이 울렸다. 문 소장이 잠시 통화를 하기 위해 일어섰다. 그사이 홍 대리는 배운 문장들을 복습했다. 자리로 돌아온 문 소장이 테이블 위에 휴대폰을 내려놓으며 물었다.

"저 이번에 휴대폰 새로 바꿨는데 '터치감'이 어떨 것 같아요?"

"우아! 완전 최신 기종이네요. 터치감 좋아 보이는데요?"

문 소장의 휴대폰을 바라보는 홍 대리의 눈이 반짝였다. 사실 홍 대리는 여느 남자들처럼 새로운 전자기기에 관심이 많았다. 아니, 보통보다 더 많이, 아주 많이 전자기기를 사랑하는 '전자기기 성애자'였다. 휴대폰은 물론이고 다른 새로운 전자기기가 나오면 줄을 서서라도 직접 사서 써봐야 직성이 풀리곤 했다.

그런 점에서 문 소장의 새로운 휴대폰은 화제를 이어가기에 좋은 소재였다. 문 소장의 휴대폰을 바라보는 홍 대리의 입이 들썩였다.

'어디, 오랜만에 지식 좀 뽐내볼까?'

그러나 바로 이어진 문 소장의 말에 움찔대던 입이 다물어졌다.

"갑자기 휴대폰 이야기를 해서 뭔가 싶으셨죠? 이번에는 짝을 이루는 표현을 배워볼게요."

"아, 네…… 짝을 이루는 중국어요……."

하마터면 민망하게도 휴대폰에 대한 이야기를 줄줄 늘어놓을 뻔했다. 문 소장과 왜 만나고 있는지 목표를 잊을 뻔했다.

'귀중한 두 시간이다. 목표를 잊지 말자!'

홍 대리는 등을 곧게 세우고 문 소장의 설명에 귀를 기울였다.

"'터치감'은 중국어로 '츄간觸感'이라고 해요. '부추어不错'는 '좋다' '괜찮다'라는 뜻이죠. '츄간'과 '부추어'라는 중국어를 보고 '터치감' '좋다'라는 한글 뜻을 유추할 수는 있어요. 하지만 반대의 경우는 어떨까요? 중국어로 '터치감 좋다'라는 말을 하기 위해 각각의 단어들을 동시에 떠올리기란 쉽지 않죠. 그래서 자주 사용하는 단어를 묶어서 하나의 단어처럼 알아두면 좋아요. 예를 들어 어떤 말들이 있을까요?"

"음…… 성능이 좋다, 아니면 화장실에 가다?"

"맞아요. 이런 말들은 따로따로 외우는 것보다 함께 알아두면 효과적이에요. 기억하기도 쉽고 공부에 대한 압박감도 줄어들어요. 하나씩 외우면 배워야 할 단어가 많은 것처럼 느껴지지만, 통으로 외우면 마치 한 단어처럼 느껴지니까요. 실용성도 높고요. 서로 호응하는 단어를 잘못 사용하는 실수도 줄일 수 있어요. 일상생활에서 단짝처럼 붙어 다니는 단어는 생각보다 많아요. 이 문장을 한 단어처럼 외우면 아는 말이 세 배 이상 늘어날 거예요. 몇 가지 만들어볼까요? 먼저 우리말로 해볼게요. 제가 앞말을 해볼 테니 홍 대리님이 뒷말을 붙여보세요."

문 소장과 홍 대리는 수수께끼를 풀 듯 어울리는 낱말을 하나씩 짝지었다.

"휴게소에."

"도착하다."

"간식을."

"먹다."

"커피를."

"마시다."

"우산을."

"챙기다."

"좋아요. 이번엔 중국어로 해보죠. 우선 '휴게소에 도착하다'라는 말인데요. '휴게소'는 '푸우취服务区'라고 해요. '도착하다'는 '따오到'고요. 합치면 어떻게 될까요?"

"푸우취 따오服务区到."

말하고도 뭔가 이상하다는 생각이 들었다. 그러나 묘한 느낌이 들

뿐 어디가 잘못되었는지 정확히 알 수 없었다. 문 소장 역시 곧바로 잘못된 부분을 짚었다.

"뭔가 이상하죠?"

"네, 이상하게 위화감이 드네요. 어디가 잘못된 건가요?"

"우선 위화감을 느끼셨다니 언어에 대한 감이 좋으시네요. 잘 모르겠지만 뭔가 이상하다는 기분이 들면 그 느낌을 절대 무시하지 마세요. 어떤 언어든 직관적으로 깨우치는 부분이 있거든요. 그럼 본격적으로 틀린 부분을 찾아볼까요? 중국어는 술어가 목적어보다 먼저 나오니까 '도착하다'부터 나와야겠죠?"

"아! '푸우취 따오'가 아니라 '따오 푸우취到服务区'군요!"

초보적인 실수였다. 아니, 초보도 하지 않을 실수였다. 아무 생각 없이 그대로 말을 붙여 만든 자신이 부끄러웠다.

"그래서 무조건 말로 먼저 익히라는 거예요. 생각한 대로 말을 만들려고 하면 이상한 문장이 만들어질 수도 있거든요. 어순이 꼬이는 건 당연하고요. 문장을 분석하고 구조를 이해하기 위해 언어를 배우는 것이 아니라고 말씀드렸죠? 문법은 말을 익힌 이후에 자연스럽게 배울 수 있어요. 중국어를 처음 배울 땐 머리보다 입을 여는 게 먼저예요."

문 소장은 알아보기 쉽게 짝을 이루는 표현 몇 가지를 노트에 적어주었다.

到[dào] 도착하다, 도달하다 + 服务区[fúwùqū] 휴게소

⋯▶ 到服务区。[Dào fúwùqū.] 휴게소에 도착하다.

吃[chī] 먹다 + 零食[língshí] 간식, 군것질거리

⋯▶ 吃零食。[Chī língshí.] 간식을 먹다.

喝[hē] 마시다 + 咖啡[kāfēi] 커피

⋯▶ 喝咖啡。[Hē kāfēi.] 커피를 마시다.

带[dài] 챙기다, 지니다 + 伞[sǎn] 우산

⋯▶ 带伞。[Dài sǎn.] 우산을 챙기다.

　짝을 이루는 말들을 모아놓고 보니 연상이 쉬워서 어휘력이 쑥쑥 늘 것 같았다.

　"짝꿍 중국어는 일상에서 연습하기도 좋아요. 회사, 마트, 집 등 자주 사용하는 말들을 적어두었다가 나중에 중국어로 정리해서 공부하는 것도 추천해드려요."

　"패턴 중국어, 확장 중국어, 그리고 짝꿍 중국어까지. 이거야말로 중국어 학습 3종 세트네요!"

　홍 대리의 농담에 문 소장이 유쾌한 웃음을 터트렸다.

매일 실력이 쌓이는 복습 시스템

"중국어 3종 세트를 선물로 드렸으니 부디 잘 활용해주세요. 제가 곧 중국 출장을 가게 되어 당분간은 못 볼 것 같으니, 덤으로 한 가지를 더 가르쳐드릴게요!"

홍 대리의 눈이 기대감으로 빛났다. 지금 같아선 하나가 아니라 열 개를 더 가르쳐준다고 해도 쭉쭉 빨아들일 기세였다.

"뭐든 말씀해주세요! 열심히 따르겠습니다!"

"하하하. 기세가 느껴져서 좋은데요? 앞으로 배우게 될 문장들은 더 길어질 거예요. 그러니 오늘 배운 3종 세트를 미리미리 연습해두세요. 그렇다고 해서 어마어마하게 어려워지는 건 아니에요. 사실 일상에서 쓰는 말은 제한적이에요. 문장이 좀 길다고 해서 겁먹을 필요는 없어요. 일상에서 사용하지 않는 어려운 단어가 나오는 건 아니니까요. 조금 전 짝꿍 중국어를 배울 때 함께 나오는 단어를 같이 외웠죠? 제가 지금부터 알려드릴 긴 문장을 말하는 방법도 거기에 힌트가 있답니다."

"힌트라면…… 같이 익히는 것 말인가요?"

"그렇죠! 긴 문장도 단어를 따로 생각하지 말고 통으로 외우세요. 통으로 말하다 보면 자동으로 입에 붙거든요. 원리는 짝꿍 중국어와 똑같아요."

홍 대리는 일리가 있는 말이라고 생각했다. 단어를 하나씩 쪼개어 외우면 나중에 활용하기가 더 어려울 것 같았다. 예를 들어 '나' '피아노' '치다'와 같이 단어를 따로따로 외우기는 쉬운 것 같아도, 막상 '나는 피아노를 친다'라는 말을 하려고 하면 툭 튀어나오지 않기 때문이었다.

문 소장은 짝을 이루는 문장을 통으로 외우는 것 외에 또 하나의 학습법을 알려주었다. 바로 '누적 학습법'이었다. 주간 공부 계획을 세울 때 안성맞춤이었다.

"쉽게 설명하면 '5·4·3·2·1 학습법'이라고도 할 수 있어요. 첫 번째 날은 새로운 문장 다섯 개를 다섯 번 듣고 따라 하는 거예요. 두 번째 날도 마찬가지로 새로운 문장 다섯 개를 다섯 번 듣고 따라 하세요. 그리고 첫 번째 날 공부했던 문장을 네 번 복습하는 거죠."

이런 식으로 세 번째 날은 새로운 문장 다섯 개를 다섯 번 공부하는 동시에 두 번째 날 공부한 문장을 네 번, 그리고 첫 번째 날 공부한 문장을 세 번 복습하는 것이었다. 나름 규칙이 있는 시스템 공부법이었다.

"자, 그럼 네 번째 날은 어떻게 공부하면 될까요?"

"우선 매일 해야 하는 새로운 문장 다섯 개를 다섯 번 공부하고요. 세 번째 날 배운 문장을 네 번 복습하고, 두 번째 날 배운 문장을 세 번 복습하고, 마지막으로 첫 번째 날 배운 문장을 두 번 복습하면 되는 거죠?"

"네, 맞아요. 마지막으로 다섯 번째 날도 같은 요령으로 따라 하시면 돼요.”

“주간 단위로 5일을 한 세트로 공부하고, 주말에는 그 주에 익힌 것들을 복습하면 되겠네요. 새로운 문장은 물론 이미 익힌 문장도 함께 복습할 수 있어서 좋고요.”

“네, 맞아요. 그리고 한 달에 한 번 전체를 복습하는 시간도 가지면 좋아요. 중요한 것은 ‘꾸준히’ 하는 거예요. 지금 당장 중국 사람과 이야기한다고 해도 내 실력만큼만 하면 돼요. 우리말에 서툰 외국인을 만나서 대화할 때 그 수준에 맞춰 말해주는 것처럼, 그들도 우리에게 맞춰서 대화를 해준답니다. 그러니 길을 가다가 중국인을 만나면 대화를 한번 시도해보세요. 한두 마디라도 괜찮아요.”

“네, 알겠습니다! 실전 회화는 꼭 시도해볼게요. 이렇게 귀한 공부법을 알려주셨으니 피가 되고 살이 될 때까지 익히겠습니다!”

마음 같아서는 넙죽 절이라도 하고 싶었다. 오늘 배운 통문장 학습법과 누적 학습법은 혼자 공부했더라면 절대 알지 못했을 비법이었다. 역시 어떤 선생님을 만나느냐에 따라 공부의 질이 달라지는 듯했다.

“소장님을 만난 덕분에 제 중국어 실력이 매일 늘고 있어요. 귀중한 시간을 내어주셔서 정말 감사합니다.”

“아니에요. 홍 대리님이 준비가 된 사람이니 제 이야기도 흡수가 되는 것이겠죠. 땅이 아무리 좋다고 한들 씨앗이 와서 떨어지지 않으면 아무것도 자라지 않아요. 홍 대리님은 아름드리나무로 성장할 수 있는 능력을 갖춘 분이에요. 자신을 믿고 정진하세요."

홍 대리는 말없이 고개를 숙였다. 문 소장의 겸손과 배려가 오늘따라 더 뭉클하게 가슴에 와닿았다. 문 소장이야말로 거목과 같았다. 단지 크기만 큰 나무가 아니었다. 무성한 가지를 드리워 그늘을 만들고, 그늘에 기댄 사람에게 기운을 북돋아주며, 가진 것을 기꺼이 베푸는 나무, 말 그대로 아낌없이 주는 나무와도 같았다.

홍 대리는 언젠가 기회가 되면 자신도 배운 것을 누군가에게 전해주고 싶었다. 살면서 이런 생각이 든 것은 처음이었다. 중국어 공부를 하면서 실력뿐만 아니라 마음의 그릇도 함께 성장하는 기분이 들었다.

통문장으로 빠르고 정확하게 표현 익히기

언어 공부를 하다 보면 외워야 할 단어가 너무 많아서 막막한 마음이 듭니다. 무작정 외워도 다음 날이면 처음 본 것처럼 잊히고 마니, 의욕도 꺾이고요. 아무리 많이 외웠다고 해도 정작 외국인 앞에 서면 입이 잘 떨어지지 않죠. 지금과 달리 제가 중국에서 공부했던 시절에는 인터넷 사전이 대중화되지 않아서 두꺼운 종이 사전을 옆에 끼고 공부했습니다. 모르는 단어가 나오면 그 자리에서 물어보고, 기숙사로 돌아와 열심히 외우는 것을 반복했죠. 그런데 단어 하나하나를 따로 외우는 것보다 통으로 묶어서 외우는 편이 훨씬 더 써먹기에도 용이하다는 것을 깨달았습니다. 따로따로 외웠을 땐 목적어에 어울리는 술어를 떠올리지 못해 어법 오류의 문장을 만들곤 했지만, 그러는 실수도 하지 않게 되었고요.

그러면 홍 대리가 배운 '터치감'처럼 묶어서 외우면 좋은 단어들부터 살펴볼까요?

· 짝을 이루는 단어 ·

학생증 学生证 xuéshēngzhèng	**캐주얼복** 休闲服 xiūxiánfú
성취감 成就感 chéngjiùgǎn	**실업률** 失业率 shīyèlǜ
신용카드 信用卡 xìnyòngkǎ	**관중석** 观众席 guānzhòngxí
환승역 换乘站 huànchéngzhàn	**그립감** 手感 shǒugǎn

• 상황별 통문장 •

★ 마트에서

우유를 사다.

买牛奶。
Mǎi niúnǎi.

사다, 구매하다	우유
买	牛奶
mǎi	niúnǎi

쇼핑카트를 가져오다.

去拿推车。
Qù ná tuīchē.

가다, 떠나다	가지다, 잡다	쇼핑카트, 손수레
去	拿	推车
qù	ná	tuīchē

점포정리 바겐세일을 하다.

清仓大甩卖。

Qīngcāng dà shuǎimài.

점포를 정리하다

清仓

qīngcāng

바겐세일하다, 폭탄세일하다

大甩卖

dà shuǎimài

1+1을 주다.

买一赠一。

Mǎi yī zèng yī.

하나

一

yī

주다, 증정하다

赠

zèng

★ 휴게소에서

휴게소에 도착하다.

到服务区。
Dào fúwùqū.

도착하다, 도달하다	휴게소
到	服务区
dào	fúwùqū

화장실에 가다.

上洗手间。
Shàng xǐshǒujiān.

가다, 다니다	화장실
上	洗手间
shàng	xǐshǒujiān

간식을 먹다.	
吃零食。	
Chī língshí.	
먹다, 섭취하다	**간식, 군것질거리**
吃	零食
chī	língshí

버터구이 옥수수를 사다.		
买黄油烤玉米。		
Mǎi huángyóu kǎo yùmǐ.		
버터	**굽다**	**옥수수**
黄油	烤	玉米
huángyóu	kǎo	yùmǐ

그립감이 좋다.

手感不错。

Shǒugǎn búcuò.

손에 쥐었을 때 편안한 느낌

手感

shǒugǎn

좋다, 괜찮다

不错

búcuò

보호필름을 붙이다.

贴保护膜。

Tiē bǎohùmó.

붙이다, 부착하다

贴

tiē

보호필름

保护膜

bǎohùmó

용량이 크다.

内存大。
Nèicún dà.

용량, 메모리	크다
# 内存	# 大
nèicún	dà

성능이 좋다.

性能好。
Xìngnéng hǎo.

성능	좋다
# 性能	# 好
xìngnéng	hǎo

인터넷이 안 된다.

上不了网。
Shàng buliǎo wǎng.

접속하다	할 수 없다	인터넷
上	不了	网
shàng	buliǎo	wǎng

사이트가 안 열린다.

打不开网页。
Dǎ bu kāi wǎngyè.

열다	안 열리다	사이트
打	不开	网页
dǎ	bu kāi	wǎngyè

인터넷 선을 꽂다.

插网线。

Chā wǎngxiàn.

꽂다, 끼우다	인터넷 선
插	网线
chā	wǎngxiàn

와이파이 연결이 안 된다.

连不上Wi-Fi。

Lián bu shàng Wi-Fi.

연결하다, 잇다	못하다	와이파이
连	不上	Wi-Fi
lián	bu shàng	Wi-Fi

문장을 통으로 말해보니 어떤가요? 중국어에 대한 감이 조금씩 생겨나는 것 같지 않나요? 입으로 소리 내어 말하는 것도 중요하지만, 오감을 이용해 중국어를 익히면 더 오래 기억에 남는답니다. 말을 할 때 손뼉을 치거나 고개를 끄덕여도 좋고, 문장에 해당하는 행동을 해보는

것도 좋아요. 어떤 상황에 맞닥뜨렸을 때에도 우리말로 생각하는 데에 그치지 말고, '이런 상황에서 중국어로는 어떻게 말할까?'라고 의문을 가져보세요. 일상 회화 실력을 늘리는 데에 이만한 방법은 없답니다.

09

단어를 외우는 신통방통한 비법

연상을 통해 더 오래 기억하는 법

    기획안이 통과된 이후 홍 대리의 업무는 말 그대로 '폭풍이 휘몰아치는 것' 같았다. 중국은 '브랜드스위칭(소비자가 이제까지 구입해온 브랜드를 다른 브랜드로 바꾸는 것)' 속도가 빠르게 변하고 있었다. 게다가 호재를 맞으려는지 자체 생산라인을 갖고 있는 중국 업체 두 곳에서 러브콜이 들어왔다. 한 곳은 의류와 의류 관련 부속품까지 생산라인을 갖춘 곳이어서 규모가 더 컸다. 당연히 회사에서는 그쪽을 더 욕심내는 것 같았다. 모자나 가방은 소량만 생산하고 있었지만, 부속 품목에 대한 인기가 계속 상승하는 중이기 때문이었다.

    중국 진출에 대한 기대가 높아지자 회사의 분위기도 급변했다. 박 팀장과 동행하는 두 번째 중국 출장이 현실로 굳어졌다. 이에 따라 홍 대리의 중국어 공부에도 불이 붙었다. 이번에야말로 박 팀장을 깜짝 놀라게 해줄 수 있는 타이밍이었다. 그러나 단지 박 팀장을 놀래주기 위해 중국어 공부에 열을 올리는 건 아니었다. 중국 시장이 열리고 있는 이 시점에서 중국어는 홍 대리에게 커다란 기회의 문이기도 했다.

동시에 강도 높은 야근이 이어졌다. 새벽 출근까지 해야 업무 속도를 겨우 따라갈 수 있었다. 박 팀장은 얼마 전까지만 해도 딸을 보기 위해 업무 시간에는 불도저처럼 일하고 칼퇴를 했지만, 지금은 본인도 야근을 불사했다. 심지어 주말 근무를 할 때도 있었다. 회사 창립 이후 최대의 터닝 포인트를 맞았다고 공공연히 언급될 만큼 중요한 프로젝트가 된 것이었다.

그래도 홍 대리는 중국어 공부를 손에서 놓지 않고 시간이 날 때마다 틈틈이 배운 것을 복습했다. 패턴으로 외워두고 확장했던 말들은 그대로 머릿속에 남아 있었다. 짝꿍을 이루는 말은 배운 것 이외에 새로운 것들을 추가해 적어두었다. 말은 그나마 조금 트였는데, 단어를 외우는 일이 곤욕이었다. 단어가 죄다 한자로 되어 있어서 표기법과 의미, 읽는 법이 머릿속에서 빙글빙글 돌았다. 중국 출장을 대비해서 더 빠르게 단어를 외워두어야 할 것 같은데 지금으로써는 역부족이었다.

'소장님이 계셨다면 틀림없이 비법을 알려주셨을 텐데……'

현재 문 소장은 중국 출장 중이었다. 보통 사람들 같으면 한 번 만나기도 어려운 중국어 스승이었다. 2주일에 한 번씩 만나다가 한 번 건너뛰니, 한 달이라는 시간이 훅 지나갔다. 돌아오려면 아직 일주일 정도 남았지만 1년이 남은 듯 시간이 길게 느껴졌다.

"你吃饭了吗(밥 먹었냐)? 接电话啦(전화 받아)!"

홍 대리의 휴대폰에 번쩍 하고 박 팀장의 문자가 떴다. 그러고는 언제 왔는지 박 팀장이 홍 대리의 등을 툭 쳤다.

"중국어 할 만하냐? 6개월 순식간이다~!"

"네! 열심히 하고 있습니다!"

"오호, 자신 있나 본데? 이번 중국 출장 믿고 맡겨도 되겠지?"

"아이고, 팀장님. 그건 아니죠. 저 팀장님만 믿고 가는 거 아시잖아요."

"믿는 도끼에 발등 찍힌다고. 나 말고 오직 자신만 믿어."

"너무 스파르타식 아니세요? 출장 가기도 전에 죽겠어요."

"천하의 홍 대리가 엄살은. 아직 숨은 쉴 만하지? 곧 숨도 못 쉬게 될 거다."

홍 대리는 부르르 몸을 떨었다. 지금도 하루하루 격한 업무에 시달리고 있는데 이보다 더 심해진다는 건 도대체 어떤 상태를 말하는 건지 상상조차 되지 않았다. 이러다가 정말 책상 앞에서 화석이 될 것만 같았다.

"아, 팀장님! 궁금한 게 하나 있는데요. 중국어 공부하실 때 단어는 어떻게 외우셨어요?"

"단어? 발음에 한자까지 외워야 하니 힘들지? 그런데 사실 한자

쓰는 법 몰라도 중국어 하는 데는 아무 문제없어."

"몰라도 된다고요?"

"응. 그러니까 뜻과 발음부터 열심히 연습해두라고. 당장 단어든 문장이든 읽고 쓰고 할 일은 거의 없을 테니까. 말하자면 한자를 보고도 못 읽는 까막눈이라도 괜찮다 이거야. 왜 우리나라에 온 외국인들 중에서도 한글을 읽고 쓰진 못해도 말은 잘하는 사람들 있잖아. 언젠가는 한자도 공부해야 하지만, 지금은 입이 트이는 게 우선이야."

말부터 연습하라니, 문 소장의 가르침과 같은 맥락이었다.

"사람들은 중국어라고 하면 한자를 먼저 떠올리지만 현대 중국어는 우리가 쓰는 한자랑은 또 달라. 고등학교 때 외웠던 그런 한자가 아니고, 간단하게 바꾼 '간체자'를 쓰거든. 게다가 굳이 외우지 않아도 되는 한자도 많고. 재미있는 건 우리나라 한자와 거의 비슷한 발음을 가진 한자도 많다는 거야."

비슷한 발음이 많다는 건 문 소장의 강연회 자리에서 들었던 기억이 났다.

"홍 대리, 영어 공부할 때 단어 달달 쓰면서 외웠지?"

영어뿐만 아니라 중국어도 빽빽이로 공부했던 시간을 떠올리며 홍 대리는 얼굴이 붉어졌다.

"네, 볼펜 몇 개를 버렸는지 몰라요."

"맞아, 나도 그랬어. 그 습관 때문인지도 몰라. 중국어를 배울 때도 처음엔 한자까지 쓰면서 단어를 외워야 할 것 같거든. 근데, 그냥 편하게 하라고. 공부는 재미있어야 계속할 수 있잖아. 아, 맞다! 중국 휴대폰 자판은 우리나라와 달라서 알파벳만 있는데, 거기에 병음을 입력하면 한자가 떠. 그중에서 맞는 걸 고르면 돼. 중국 사람들도 일일이 한자를 쓰지 않는다고."

박 팀장이 다시 자리로 돌아갔다. 역시 든든한 상사였다. 다음 말을 듣기 전까지는.

"으아아아악! 오늘 또 야근이라니! 천재적이고 사랑스러우며 신비롭고 오묘하면서도 놀랍고 신통방통한 내 딸과 못 놀다니! 세상 재미없어! 오늘 집에 갈 생각들 하지 마! 밤새워서라도 일 다 끝내!"

박 팀장이 히스테리를 부려도 그저 웃음이 나올 뿐이었다. 박 팀장에게 물어보길 잘했다는 생각이 들었다. 그래도 이 시점에선 역시 문 소장의 한마디가 간절했다. 당장 답이 오진 않겠지만 메일이라도 써보자 싶었다.

― 문 소장님께

소장님 안녕하세요? 홍국영 대리입니다.
궁금한 점이 생겨서 메일 보내드립니다.
패턴과 확장, 짝꿍 표현을 배움으로써
할 수 있는 말이 늘어난 건 너무나 기쁩니다.

하지만 하고 싶은 말을 더 자유롭게 하려면,
패턴과 결합할 수 있는 단어를 많이 외우는 게
필수인 것 같습니다.
단어를 어떻게 공부하면 좋을까요?

돌아오실 때까지 건강 잘 챙기세요.
귀국 날짜만 손꼽아 기다리고 있습니다.^^

홍국영 드림

　　메일을 보내고 난 후 며칠간은 폭풍 같은 일에 떠밀리는 하루하
루를 보냈다. 메일을 보냈다는 사실마저 잊을 정도였다. 문 소장의
메일을 확인한 것은 모처럼 밤 10시에 일을 마치고 책상 앞에 앉아
한숨 돌릴 때였다.

　─ 홍 대리님!

메일 잘 받았습니다.
자세한 이야기는 돌아가서 하기로 하고,
단어 공부법에 대한 이야기를 해볼게요.

병음을 외울 때 홍 대리님께서 쓰신 방법을 잘 연구해보세요.
발음과 뜻을 연결해서 외우기 쉽도록
적절한 스토리텔링을 붙이면 좋겠죠?
굳이 한자를 외우실 필요는 없어요.
지금은 오직 '말'을 하는 데에만 집중하세요.
그럼, 몇 가지 예를 들어볼까요?

팅팅听听(들어보다): 얼굴이 팅팅 부은 이유를 들어보자.
위에月(달): 하늘 위에 떠 있는 달.

이런 식으로 다른 것도 재미 삼아 만들어보세요.
돌아가서 만나요.

문정아 드림

"오호라, 이것이었군!"
스토리텔링이라면 자신 있었다.
"어디, 뭐부터 시작해볼까?"
책상 위에 간식으로 먹다 남은 빵이 보였다. 홍 대리는 회심의 미
소를 지었다.
"역시 시작은 '빵'이지. 많이 먹어 배가 빵빵하니 좋네 좋아!"

'좋다'는 뜻을 지닌 '빵棒'이 순식간에 머릿속에 입력됐다. 다른 건 몰라도 '빵'만은 죽어도 잊지 않을 것 같았다.

홍 대리는 연신 "좋다! 빵 좋다!"를 외쳤다. 퇴근 준비를 하다 보니 자신의 책상이 너무 어지러운 것을 발견했다. 오늘 얼마나 엄청난 양의 일을 처리했는지를 온몸으로 보여주고 있었다.

"김 여사가 봤으면 또 한 소리 했겠네. 안 그래도 요즘 방 치우라고 난린데."

홍 대리는 어머니를 떠올렸다. "네 방은 왜 맨날 더럽냐? 짱 더럽다 진짜"라고 애들이나 쓸 법한 말을 마구 던지면서 홍 대리를 야단치곤 했던 것이다.

"오늘은 집에 가서 방이라도 좀 치워볼까? 아, 잠깐! 짱이 뭐였더라? 짱脏(더럽다)! 더럽다! 네 방 짱 더럽다!"

홍 대리는 소리치듯 말하고 나선 웃음을 터트렸다. 갑자기 생각난 아이디어가 만족스러웠다. 한 번 시작된 스토리텔링은 물꼬가 터지자 계속 흘러나왔다.

"가만있자. '아이愛'는 '사랑'이니까, 내 '아이'는 누구보다 사랑스러워! '텅疼'은 '아프다'였지? 통장 잔고가 '텅텅' 비어서 마음이 너무 아파!"

박 팀장이 먼저 퇴근한 것이 다행이었다. 안 그랬으면 30분 동안 잡혀서 '천재적이고 사랑스러우며 신비롭고 오묘하면서도 놀랍고 신통방통한 딸' 이야기를 들어야 했을 것이다. 그러나 지금 이 순간,

박 팀장의 딸보다 더 신통방통한 것이 자신의 단어 공부법이라고 생각했다. 발음을 먼저 하고 뜻을 연상시키는 말을 이어서 외우니, 저절로 머릿속에 쏙쏙 들어왔다.

퇴근 직전 홍 대리는 말끔히 치운 책상과 깨끗하게 정리해둔 회의록을 보았다. 성공적인 단어 스토리텔링만큼이나 일에 대해서도 자신감이 샘솟았다. 집으로 가는 발걸음이 춤을 추듯 가벼웠다. 문 소장의 귀국 날도 점점 가까워지고 있었다.

자투리 시간을 공략하라

분명 죽어 있는 시간이 존재한다

'좋았어! 시간이 없다는 변명은 하지 말자!'

잠을 푹 잔 덕분인지 일찍 일어난 홍 대리는 한층 개운한 기분이 들었다. 직장에 다니는 이상 일은 언제나 많았다. 하지만 일이 많다고 해서 공부를 못한다면 평생 중국어 실력은 발전하지 못할 터였다. 홍 대리는 자신의 지난날을 곰곰이 돌아보았다. 뭔가를 해야 한다고 생각하면서도 늘 핑계를 댄 날이 많았다. 핑계는 얼마든지 있었다. '날이 좋아서'부터 '컨디션이 안 좋아서', 심지어는 '컨디션이 너무 좋아서'까지, 핑계로 산을 쌓았다면 히말라야 산맥을 열 번은 만들고도 남을 만한 정도였다.

책상 앞에 앉아 공부할 시간이 없으면 움직이면서 할 수 있는 방법을 찾아야 했다. 장시간 통으로 공부할 시간이 없는 경우에는 짬짬이 시간을 낼 수 있는 방법을 찾으면 되는 것이었다. 하루 종일 공부하고 일주일을 손 놓는 것보다, 매일 단 5분만이라도 꾸준히 공부하는 게 더 낫다는 것을 몸소 경험으로 깨달았다.

시간이 충분해서 중국어 공부에만 몰두할 수 있다면 단기간에 중국어 완전 정복도 가능할 수 있을 것이다. 그러나 그건 '콩나물 공부법'에 불과했다. 속성으로 공부하면 반드시 빨리 잊히기 마련이다. 뿌리를 튼튼히 내리지 못하고 웃자라면 쉽게 무너질 게 뻔했다. 게다가 자칫 잘못하면 과부하가 걸려 공부를 포기하고 싶은 마음이 들지도 모를 일이었다. 하루 이틀 공부하고 끝낼 일이 아니었기 때문에 더더욱 속도보다 습관이 중요했다.

'매일 꾸준히, 그러나 지치지 않고 계속할 수 있는 공부 습관을 만들어야 해.'

홍 대리는 짬짬이 공부할 수 있는 시간을 생각해보았다. 아침에 일어나서 10분, 출근하는 시간 20분, 퇴근하는 시간 20분, 잠들기 전 10분, 이렇게만 모아도 하루에 한 시간이 나왔다. 하루 한 시간은 중국어를 공부하기에 충분한 시간이었다.

직장에서는 늘 변수가 생겼다. 예상치 못한 업무뿐만 아니라 야근에서부터 회식자리, 출장에 이르기까지 갖가지 일이 발생했다. 어느 회사도 자기계발이나 외국어 공부를 하라고 업무 시간을 할애해주는 곳은 없을 것이다. 그러니 주체적으로 시간을 만들어야 했다. '업무에 치여서' '시간이 없어서'라는 변명을 하는 것 자체가 부끄러운

짓이었다.

막상 짬을 내어 공부를 시작하자 하루하루가 더욱 탄력적으로 느껴졌다. 시간에 쫓겨서 끌려간다는 생각보다 '시간의 주인'이 되어 하루를 시작하고 마감하는 기분이 들었다. 주도적인 하루는 홍 대리가 하는 일에 더 높은 생산성을 부여했고, 만족스러운 성과는 다시 자신감으로 이어지는 선순환을 만들었다.

자연스럽게 집중력을 높이는 방법도 연구했다. 집중력이라면 타의 추종을 불허하는 박 팀장을 관찰해보았다. 똑같은 시간을 쓰는데도 그는 팀원들의 몇 배나 되는 일을 뚝딱 해치웠다. 예전엔 단지 탁월한 능력자라고만 생각했는데, 자세히 관찰해보니 가장 눈에 띄는 것은 그의 '책상'이었다. 그의 책상은 낯선 사람이 와서 써도 곧바로 업무에 돌입할 수 있을 만큼 정돈이 잘되어 있었다. 군대 내무반의 관물대도 이렇게까지 깔끔할 수는 없었다.

입사 초기에 우연히 박 팀장의 메일함을 본 적이 있었다. 각종 메일이 왼쪽 폴더에 프로젝트별로 일목요연하게 정리되어 있었는데, 자신도 따라 했다가 큰 도움을 받은 적이 있었다. 수많은 메일 중 특정 메일을 다시 찾는 데 은근히 오래 걸렸는데, 그의 방식을 따라 하고서부터는 5분, 10분씩 시간을 아낄 수 있었다. 중국어 공부를 하기 위해 자투리 시간을 내는 것도 이와 같다고 생각했다.

'알뜰하게 쓸 수 있는 시간을 더 만들 수 있지 않을까?'

결국 공부나 업무 모두 시간과의 싸움이었다. 홍 대리는 일단 책상 정리부터 시작했다. 일과 공부에 집중할 수 있는 분위기를 만들기 위해서였다.

거기에 더해 집에 가면 휴대폰부터 껐다. 게임의 유혹에 빠지지 않기 위해 게임 애플리케이션을 모두 삭제했다. 잠들기 전 10분만이라도 중국어를 더 공부하고 싶었다.

홍 대리는 매일 중국어 공부 일기도 썼다. 잘하고 있는 점이나 아쉬운 점, 다음 날 개선해야 할 점 등 하루의 소회를 쓰는 동시에 더 발전할 수 있는 아이디어를 찾았다. 일기를 꾸준히 쓰면서 잘할 수 있다고 의지를 다지다 보니, 공부 습관도 좋아지고 점점 더 긍정적인 마음이 생겨났다.

홍 대리는 침대에 누워 잠을 잘 때마다 눈을 감고 유창하게 중국어를 하는 자신의 모습을 떠올렸다. 어떤 상황에서도 주눅 들지 않고 유려한 말로 상대를 감탄시키는 모습이었다. 저절로 가슴이 벅차올랐다.

'반드시 나도 중국어로 멋지게 대화하고 말거야!'

한 시간이라도 시간을 낼 수 있는 날에는 간식을 준비했다. 껌이든 오징어든 무엇이든 씹으면서 공부를 하면 이상하게 기억이 더 잘되는 것 같았다. 씹는 행위가 뇌에 자극이 되는 것인지, 아니면 단순히 맛있는 음식을 좋아하기 때문인지는 몰라도 집중력을 높이는 데에는 효과 만점이었다.

중국어가 입에서 바로바로 튀어나오는 기쁨

금요일 밤, 퇴근길 밤공기가 상쾌했다. 새롭게 외운 문장을 반복해서 들으며 입으로 따라 했다. 늦은 시간인데도 조깅을 하는 사람들이 눈에 띄었다. 젊은 사람들은 이어폰을 꽂고 달리며 휴대폰으로 SNS까지 하고 있었다.

'이야, 도대체 한 번에 몇 가지 일을 하고 있는 거야?'

감탄을 하다가 뒤에서 들려오는 커다란 박수 소리에 깜짝 놀랐다. 할아버지가 걸으면서 손을 앞에서 짝, 뒤로 돌려 짝, 박수를 반복하고 있었다. 말 그대로 온몸으로 운동을 하고 있었다. 문득 지금처럼 눈과 귀와 입으로만 공부를 하지 말고, 연극배우가 모든 신체 감각을 이용해서 연기를 하듯 오감을 동원해 중국어 공부를 한다면 어떨까 궁금해졌다.

'못할 것도 없지!'

집에 들어오자마자 인터넷 검색창을 켰다.

"과장된 목소리와 표정, 행동은 모든 감각 기관을 동원한다고? 우리 몸의 모든 세포가 어휘와 문장을 기억한다는 거군. 그래서 몸으로 터득한 언어는 쉽게 잊히지 않는구나!"

공부에 열중하다 보니 배가 고팠다. 잠시 심각한 고민에 빠졌다.

'아…… 라면을 먹을 것인가, 그냥 잘 것인가?'

왼쪽에서 천사 홍국영이 말했다.

"그냥 자야지! 밤이 깊었다고. 지금 라면을 먹으면 대체 뱃살은 어쩔 건데?"

오른쪽에서 악마 홍국영이 속삭였다.

"오늘은 금요일이고 내일은 주말이니 먹어도 돼. 게다가 라면이 잖아! 라면은 언제나 진리지!"

결론은 뱃살보다 라면이었다. 찬장 문을 열었다. 라면이 없었다. 저절로 입에서 탄식이 터져 나왔다.

"짜오까오糟糕(이런)!"

제법 인상을 쓰면서 연극을 하듯이 한 번 더 말했다. 큰소리로 외치니 마치 원맨쇼를 하는 것 같아 재미있었다. 한동안 '짜오까오'를 외치고 있는데 등 뒤에서 익숙한 목소리가 들려왔다.

"이놈이, 밤중에 웬 난리야!"

"엄마, 라면!"

홍 대리는 손짓까지 하며 김 여사에게 라면을 부르짖었다.

"얼씨구! 지금 먹는 건 다 뱃살로 간다!"

김 여사는 서랍에서 라면을 꺼내더니 홍 대리의 뱃살을 한 손으로 잡아 늘였다. 그러나 홍 대리는 두툼하게 잡힌 뱃살을 애써 외면하며 냄비에 물을 받았다.

"이 정도는 나온 것도 아니에요. 메이 셜没事儿(괜찮아요)!"

"별 것 아니긴. 조만간 두 손으로 잡아도 안 잡히겠고만."

김 여사는 아들의 뱃살을 쿡쿡 찌르며 안방으로 들어갔다. 홍 대리는 쿨한 척 손사래를 쳤다.

"괜찮다니까요. 이쯤이야 뭐. 메이 셜!"

물이 끓고 라면과 스프를 넣었는데 달걀이 보이지 않았다.

"이러면 안 되지. 어떻게 하냐. 아, 이 단어는 뭐더라? 맞다! 전머빤怎么办(어떡해)?"

최대한 울고 싶은 표정을 지으며 발을 동동 굴렀다.

"전머빤?"

뱃살이 나오든 말든 라면에서는 맛있는 냄새가 났다. 세상 모든 것이 아름답게만 보였다. 라면 냄비를 식탁에 놓으며 홍 대리는 이렇게 생각했다.

'나는 지금 라면만 먹는 게 아니야. 중국어 공부도 함께하고 있는 거라고.'

잘 익은 라면 면발을 쉬지 않고 호로록 입에 넣은 후 바닥이 보일 때까지 국물을 들이켰다. 조금 더 나온 듯한 뱃살은 애교라고 생각했다. 야심한 밤, 국물까지 싹싹 비운 냄비를 보며 홍 대리는 흐뭇한 미소를 지었다. 중국어 실력도 한층 더 업그레이드된 것 같은 밤이었다.

매일 짬짬이 중국어 공부 습관 만들기

중국어 공부, 할 만한가요? 어떤 날은 의욕에 불타서 엄청난 양을 공부하기도 하고, 또 어떤 날은 맥이 탁 풀려서 노트를 집어 던지고 싶은 마음이 들기도 하죠. 저도 그랬고 누구나 겪는 과정이니 들쭉날쭉한 내 마음을 미워하거나 원망할 필요는 없어요.

다만 하기 싫은 일을 자동적으로 하게 만드는 힘, 즉 '습관'을 들이면 매일 꾸준히 중국어 공부를 이어갈 수 있답니다. 적은 양이라도 매일 일정한 시간에 일정한 양을 학습하는 습관을 들여보세요. 홍 대리처럼 분명 우리의 하루 중에는 '죽어 있는 시간'이 있을 거예요. 그 시간을 찾아보고 최대한 세부적이고 구체적으로 목표를 세워보세요. 단 5분도 좋고 30분도 좋습니다. 작은 성취를 하나둘 쌓는 습관을 들이면 중국어를 장기적으로 즐겁게 배울 수 있습니다.

중국어를 생활화하는 것도 중요합니다. 침대 벽에 단어를 붙여두고 아침에 눈뜨자마자 혹은 자기 전에 읽는다든가, 화장실 벽에 붙여두고

볼일을 볼 때마다 따라 읽어도 좋습니다. 저는 휴대폰 배경화면에 외워지지 않는 것들을 적어두고, 눈에 익히는 습관을 들이기도 했습니다.

그럼 중국어에 익숙해진 지금은 습관을 손에서 놓았을까요? 절대 그렇지 않습니다. 배움에는 끝이 없어요. 특히 어학은 능숙해진 이후에도 꾸준히 하지 않으면 감이 사라지고 맙니다. 저 역시 하루에 최소 1시간은 반드시 중국어 방송을 듣거나 최신 중국어 원서를 읽습니다.

이쯤에서 저의 하루를 소개해드릴까 합니다. 하나하나 살펴보고 나에게 적용할 만한 게 있는지 체크해보세요.

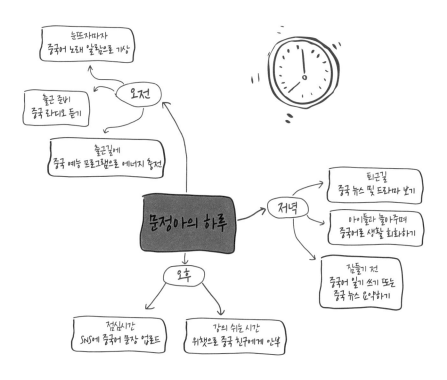

시간에 쫓기는 직장인이라면 학창 시절만큼 공부에만 매진할 수 없으니 출퇴근 시간을 최대한 활용해보세요. 20분씩 인터넷 강의를 듣고, 주 1회 정도는 선생님과 1:1 맞춤식 수업을 한다든가 혹은 원어민 선생님과 화상통화를 하며 잘못된 발음을 교정해도 좋습니다.

또 직장인만큼이나 바쁜 사람들이 바로 주부들이시죠? 아이들 챙기고 남편 챙기고 시부모님에 친정부모님까지 챙기려면 하루 24시간도 모자라지만, 그래도 방법은 있습니다. 책상에 앉아 있을 시간이 없기 때문에 체계적이고 전문적으로 HSK나 문법 위주의 공부를 하기보다는 '내가 쓰고 싶은 말' '내가 알고 싶은 말' 등 나에게 필요한 단어나 문장 위주로 일상회화를 공부하는 것이 좋아요. 집안일을 할 때도 중국 라디오나 음악을 틀어놓으면 자연스럽게 중국어를 접할 수 있는 환경이 만들어지죠. 또 가족들과 함께 6개월에 한 번씩 중국으로 가족 여행을 계획해보는 건 어떨까요? 현지에서 엄마의 필살기인 중국어 실력을 자녀들에게 뽐내보세요. 평소에 공부하라고 백번 말하는 것보다 엄마가 노력하고 실천하는 모습을 한 번 보여주는 게 오히려 자녀들에게 더 큰 귀감이 될지도 모르니까요.

공부란
모르는 것을 채우는 기쁨입니다

"발음이 너무 어려워요. 제 혀가 중국어에 잘 안 맞는 걸까요?"

어떤 분이 하소연하시는 말씀을 듣고 한편으로는 공감도 되면서 또 한편으로는 웃음이 나기도 했습니다. '중국어에 안 맞는 혀를 갖고 태어난 게 아닐까?' 하는 의구심이 제게도 있었거든요.

'왜 내가 하는 말을 못 알아듣지?'

'이 정도 열심히 했으면 잘해야 하는 거 아니야?'

'나는 중국어에 영 소질이 없는 거 아닐까?'

한때 저를 괴롭혔던 '질문 3종 세트'입니다. 속은 애가 타 죽겠는데 겉으로는 잘하는 척, 알아듣는 척하느라 꽤나 힘도 들었습니다. 유학 생활 중 중국인 동기의 말을 못 알아들어도 "그래?" "그러게" "아이고,

저런!" 이런 말들을 써가면서 받아쳤는데, 그러면 제가 알아들은 줄 알고 더 빠른 속도로 말을 하는 거였어요. 그러니 어쩌겠어요.

"미안, 일이 생겨서. 다음에 다시 이야기하자!" 이렇게 말하고는 줄행랑을 쳤던 기억도 제법 있습니다. 하지만 꼬리가 길면 밟힌다고 했던가요. 결국 수업 시간에 임기응변으로 대처했다가 눈 밝은 선생님께 딱 걸리고 말았습니다. 그 이후론 '아는 척'하는 버릇을 고치게 되었습니다. 지금 생각해보면 정말 부끄러운 일입니다.

그런데 모르는 걸 모른다고 말하는 게 왜 부끄럽다고 생각했을까요? 모르는 걸 안다고 말하는 게 더 부끄러운 일인데 말입니다. 이제 막 중국에 온 한국인이 중국어를 유창하게 말하지 못하는 건 당연한 일이지 부끄러운 게 아니잖아요. 아는 척하다가 망신을 당하는 것보단 모른다고 솔직하게 말해서 제대로 배우는 게 보기에도 훨씬 좋고요.

"아는 것을 안다고 하고, 모르는 것을 모른다고 하는 것. 이것이 진정 아는 것이다."

제자 중 한 명이 "무엇이 배움입니까?"라고 묻자, 공자는 이렇게 대답했습니다. 아는 것을 안다고 하고, 모르는 것을 모른다고 하는 것. 배움에는 이런 태도가 필요한 것 같아요. 내가 무엇을 모르는지 알아야 더 잘 배울 수 있고, 어떤 발음이 안 되는지 알아야 하루 빨리 잘못된 발음을 교정할 수 있기 때문입니다. 공부는 모르는 것을 배워가는 과정이지, 아는 걸 확인하는 과정이 아니니까요.

그러니 모르는 게 많다는 건 오히려 더 풍부하게 배울 수 있는 기회가 많다는 뜻입니다. 저 또한 모르는 게 많아서 엄청나게 다양한 실전 경험을 쌓을 수 있었습니다. 그 덕분에 중국어 실력이 쑥쑥 늘었고요. 물론 안 되는 발음을 연습하느라 혀가 마비될 정도로 고생하기도 했지만요.

중국에서 생활한 지 1년 정도가 되었을 때였습니다. 공부를 열심히 한다고 자부했는데, 도통 중국어 실력이 늘지 않는 거예요. 저는 분명 중국어로 말하는데 그들은 왜 알아듣지 못하는 건지 이유를 알 수 없었습니다. 답답했어요. 그들이 하는 말이나 제가 하는 말이나 큰 차이가 없을 만큼 잘 따라 했다고 생각했는데, 제가 말만 하면 무슨 말인지 못 알아듣겠다는 표정을 지으니 미치고 팔짝 뛸 노릇이었죠.

그러던 어느 날, 제가 하는 말을 녹음해서 들어보기로 했습니다. 결과는 어땠을까요? 말하기 민망할 정도의 수준이었습니다. 3초 이상 듣지 못하고 꺼버렸어요. '충격' '공포' '경악'은 이럴 때 쓰는 말이라는 걸 실감했습니다. 그러면서 내 말을 못 알아듣는다고 애꿎은 중국인만 탓하고 있었으니, 스스로가 너무 한심했어요.

이때부터 제 공부 방법에 변화를 주었습니다. 중국인 친구들 가운데 표준어를 잘 쓰는 친구에게 발음을 부탁해 녹음을 했죠. 그것을 제 말과 비교하면서 차츰 발음을 교정해나갈 수 있었습니다. 공부한 내용을 반복해서 읽은 후 녹음을 하고, 그걸 누워서도 듣고 걸으면서도 듣고 자면서도 들었습니다. 이른바 '소리 학습법'의 탄생이라고나 할까요?

이렇게 소리를 들으며 공부하기 시작한 후로는 어려운 것들이 머릿속에 쏙쏙 들어왔습니다. 2년 정도 소리 학습법에 매진하고 나니, 학교 수업을 따라가는 것은 물론 중국인과 대화를 나누는 일도 어느 정도 쉬워졌습니다.

녹음을 하면서 소리를 듣는 방법은 재미있었습니다. 처음엔 노트 필기를 그대로 읽거나 요약한 내용을 녹음했는데, 차츰 선생님 흉내를 내기 시작했습니다. 예를 들면 이런 식이었죠.

"정아야, 너 또 이 발음 헷갈렸지? 그건 이렇게 발음하는 거야."

"정아야, 이 단어는 보기엔 어렵지만 사실 아주 쉬워. 내가 가르쳐주는 대로 한번 따라 해봐. 그렇지! 정말 잘했다!"

스스로 잘한다고, 쉽게 배울 수 있는 거라고 세뇌시키기도 했습니다. 그땐 의욕이 넘쳐흘러서 열심히 녹음을 했지만, 지금 다시 들어보라고 하면 조금 창피할 수도 있겠네요. 그런데 신통한 건 이렇게 공부한 내용이 기억에 오래 남았다는 사실입니다. 소리를 내어 확실하게 말하고, 그 소리를 다시 들으며 따라 하니까 '반복 학습'의 효과가 컸던 것 같아요. 녹음 중에 파리도 잡고, 친구가 부르는 소리에 대답도 하고, 초인종 소리에 자리를 비우기도 했습니다. 그리고 그건 녹음에도 고스란히 남아서 몇 번을 들어도 웃음이 났죠. 저 혼자 북 치고 장구 치며 녹음하는 모습을 누군가 우연히 봤다면 '정아가 연극 쪽으로 진로를 바꿨나?'

라고 생각했을지도 모를 일입니다.

　이때의 경험 덕분에 '언어는 소리로 배우는 것이 가장 좋다'는 깨달음을 얻었습니다. 소리에는 높낮이와 어조가 있기 때문입니다. 그래서 맥락만으로도 이해할 수 있죠. 해외여행을 갔을 때 그 나라 말을 한마디도 못 알아들어도 누가 욕하는 건 금방 알게 되지 않던가요? 싸운다는 것도 쉽게 알 수 있고요. 대화를 나누는 두 사람이 사랑하는 사이인지도 단박에 알아볼 수 있죠.

　우리가 말을 하다 보면 자연스럽게 목소리에도 감정이 실립니다. 그래서 눈으로 읽을 때보다 소리를 내어 말하는 게 훨씬 더 강렬하게 기억에 남습니다. 단어를 외울 때도 그 단어에 맞춰 소리를 내면 쉽고 재미있게 공부할 수 있습니다. 수박을 외울 땐 시원한 목소리로, 딸기를 외울 땐 새콤달콤한 목소리로 외워보면 어떨까요? 분명 더 효율적으로 중국어를 공부할 수 있을 겁니다.

　중국어 실력을 쑥쑥 키우고 싶나요? 오랫동안 한국어에 익숙해진 죄 없는 혀를 탓하기보다, 일단 소리 내어 힘차게 말해보세요. 발음이 부끄럽다고요? 처음엔 못하고 안 되는 게 당연한 거예요. 공부하는 도중에 실수하고 잘못하는 일은 부끄러운 게 아닙니다. 모르는 것을 알아가고, 그로 인해 점점 실력이 쌓이는 기쁨! 그것이 공부의 참 의미가 아닐까요?

매일, 조금씩
어제의 나보다 더 나아지세요!

3부

중국어가 일취월장하는 고효율 공부 습관

한자를 쉽고 빠르게
외우는 비법

'분해'와 '연결'을 통해 이미지로 유추하라

　중국 출장에서 돌아온 문 소장은 선물을 갖고 왔다. 현재 중국에서 가장 인기 있다는 드라마 주인공의 캐릭터로 만든 빵이었다. 빵을 보자 반가웠다. 마침 배가 고파서가 아니라, 빵으로 만들었던 스토리텔링이 생각나서였다. 홍 대리는 문 소장에게 그동안 공부를 어떻게 진행했는지, 단어를 어떻게 외웠는지 등 쌓인 이야기를 죽 늘어놓았다. 홍 대리의 이야기를 다 들은 문 소장이 입을 열었다.

　"회사 일로 많이 바쁘셨을 텐데 중국어 공부를 놓지 않으셨다니 감동이네요. 하루에 한마디라도 좋으니 지금처럼 매일 공부하는 습관을 유지하세요. 말이 나온 김에 한자를 최대한 쉽게 공부하는 방법도 한번 짚고 갈까요?"

　"네, 좋습니다!"

힘차게 대답은 했지만 슬며시 걱정이 밀려왔다. 솔직히 한자 밑천은 그야말로 '바닥 중에 바닥'이기 때문이었다. 며칠 전까지만 해도 '나 정말 중국어에 소질 있나 봐'라고 생각했는데, 한자를 접하고부터는 눈앞이 캄캄해졌다. 익숙한 몇몇 자를 제외하고는, 한자란 그저 선이 많아 이해할 수 없는 '그림'에 불과했다. 복잡한 한자는 보기만 해도 가슴이 답답해지고 머리가 빙빙 돌 것 같아 아예 멀리하던 홍 대리였다.

"한자가 좀 어렵죠?"

"네, 사실은 많이…… 아니 굉장히 많이 어렵습니다."

마치 자신의 마음속을 손바닥 들여다보듯 정확하게 꿰뚫어보는 문 소장 앞에서 홍 대리는 솔직하게 자신의 심정을 고백했다. '한자를 모르면 중국어 공부를 계속하기 어렵다'라는 말을 들을까 봐 조마조마한 마음마저 들었다.

"하하, 그렇게 어려워하지 않으셔도 돼요. 한자를 쉽게 외울 수 있는 방법이 있거든요."

"네? 정말요?"

긴 가뭄 끝에 단비를 맞은 농부처럼 홍 대리는 고개를 번쩍 들었다. 어려운 한자를 넘을 수만 있다면 중국어 공부에도 날개를 달 수 있을 것 같았다. 조금이라도 빨리 그 엄청난 묘수를 배우고 싶었다.

"그 방법이 뭔가요?"

"'분해'와 '연결'이에요."

"분해……와 연결이요?"

순간적으로 머릿속이 멍해졌다. 한자로 인수 분해를 하는 것도 아 닐 텐데, 난데없이 분해는 뭐고 또 연결은 뭐란 말인가. 도무지 감조 차 잡을 수 없었다.

"한자를 분해해서 아는 글자와 모르는 글자를 연결하는 거예요."

문 소장은 냅킨 하나를 꺼내어 펜으로 한자를 썼다.

明

"이 한자 아시나요?"

"네, '밝을 명'이네요."

"그럼 어떤 한자로 조합되어 있는지도 아시겠죠?"

"이건 그래도 쉬운 한자니까 알죠. '해 일日'과 '달 월月'이요."

"맞아요. 해와 달이 합쳐져서 '밝다'라는 뜻을 갖게 되었죠."

"아, 이제 알겠네요! 한자를 분해하고 연결하라는 의미가 이거였 군요."

홍 대리가 환한 얼굴로 무릎을 탁 쳤다. 문 소장은 서너 개의 한자 를 더 쓰고, 각각의 뜻이 형성된 이치를 설명해주었다. '밝을 명'은 서로 다른 뜻과 소리를 가진 두 개의 한자가 만나 전혀 다른 한자가 된 경우였고, 어떤 것은 소리를 내는 한자에 뜻을 가진 한자가 합쳐 져 새로운 한자를 만들어내기도 했다. 다양한 요소들이 연결되어 만들어지는 한자에 슬슬 흥미가 생겨나기 시작했다. 문 소장은 좀 더 자세하게 설명을 이어갔다.

"한자를 외우는 핵심 방법은 크게 두 가지예요. '상하좌우', 그리고 '대각선'으로 단어를 분해해보면서 단순화시키는 거죠. 쪼갠 부수와 단어의 뜻을 이미지와 연결하는 방법인데, 예를 들어 '개 구狗'의 왼쪽 부수는 '개사슴록변犭'이고 오른쪽은 '글귀 구句'로 이루어져 있죠. 참고로 동물을 뜻하는 한자에는 개사슴록변이 들어간 경우가 많아요. '고양이猫' '사자狮子' '원숭이猴子' '늑대狼' '여우狐狸' 등이 그렇죠."

"아, 그렇군요."

"왼쪽과 오른쪽을 분해하는 경우를 살펴보았으니, 이번에는 위와 아래를 분해하는 경우도 예를 들어볼까요?"

문 소장은 '부칠 전煎'을 큼지막하게 썼다. 위에 있는 글자는 '앞 전前'이었고, 아래는 '불 화火' 부수였다.

"이런 글자는 홍 대리님의 장기를 살리면 좋을 텐데, 스토리텔링 한번 해보실래요?"

"음, 어디 보자. 불 위에 그릇을 놓고 기름에 전을 부치다? 이 정도는 어떨까요?"

"좋네요! 부칠 전, 이제 까먹지 않겠죠?"

홍 대리는 뿌듯한 미소를 지었다.

"이번에는 대각선으로 한자를 분해해볼게요. '바랄 망望'을 예로 들어보죠. 왼쪽 윗부분에는 '잃을 망亡'이 있고 오른쪽에는 '달 월月', 그리고 아래에는 '임금 왕王'이 있네요. 이번에는 어떻게 연결하면 좋을까요?"

이번에도 홍 대리는 탁월한 대답을 내놓았다. '잃어버린 달을 찾기 위해 간절히 바라는 왕'이라고 의미를 생각해낸 것이었다. 문 소장도 흡족한 미소를 지었다.

"이렇게 단어를 쪼개서 그 의미를 이미지로 연상하면 외우기가 훨씬 쉬워요. 여기에 시각, 청각, 후각 등 여러 가지 신체 감각을 동원하면 효과는 배가되죠."

"네, 이렇게 배우니 한자에 어떻게 접근해야 할지 감이 좀 오는 것 같아요."

"홍 대리님이 더 단단하게 자기 것으로 이해하실 수 있도록 이론적인 설명을 조금 더해서 다시 한 번 정리해볼게요. 지금 배운 한자 공부법을 요약해보면 간단하게 네 가지로 말씀드릴 수 있어요."

"네, 잘 듣고 염두에 두겠습니다."

"첫 번째는 단어가 가진 본래의 뜻과 파생된 의미를 유추하고 적용한다는 점이에요. 대부분의 중국어는 '상형자' '지사자' '회의자' '형성자'로 이루어져 있어요. 어렵게 들리실 테니 그 의미들을 다 아실 필요까진 없고요. 일부 한자들은 모양 자체만으로도 그 뜻을 유추할 수 있다는 거죠. 뜻 부분과 발음 부분으로 나뉘거나, 나중에 변형되어서 새로운 뜻을 갖게 된 경우도 있고요."

"네, 무슨 말씀이신지 대략 알 것 같습니다."

"그럼 첫 번째는 이 정도로 마무리하고요. 두 번째는 시각적으로 단순화시켜서 쉽게 외운다는 거예요. 우리의 시각은 복잡한 것보다 단순한 것을 더 잘 받아들이거든요. 한자를 상하좌우나 대각선으로 쪼개는 이유도 시각적으로 단순화시키기 위해서죠. 그렇기에 외우기가 더 수월해지는 거고요. 10획이 넘는 복잡한 한자들은 중국인들도 왼쪽, 오른쪽을 헷갈려하거나 잘못 쓸 정도로 어려워하니 설령 못 외운다고 해도 너무 걱정하지 마세요."

"그렇게 얘기해주시니 한결 부담이 덜하네요."

"그렇죠? 다음으로 세 번째는 시간을 절약할 수 있다는 점이에요. '망각곡선'이라는 개념을 들어보셨나요? 시간이 지남에 따라 기억이 잊히는 정도를 나타내는 곡선인데요. 망각곡선에 따르면 대체로 그날 배운 어휘를 72시간 안에 복습하지 않으면 30퍼센트 정도밖에 기억하지 못한다고 해요. 시간이 지날수록 우리의 뇌에서는 완전히 잊히죠. 그런데 나중에 다시 외우더라도 상하좌우, 대각선으로 쪼개서 외웠던 기억을 되살리면 시간을 절약할 수 있어요."

"아무래도 그렇겠네요!"

"그리고 마지막으로 네 번째는 여러 감각을 활용해 더 빨리 암기할 수 있다는 점이에요. 뇌는 소리를 가장 먼저 받아들이고, 이미지를 그다음에, 마지막으로 글자를 수용하거든요. 익히려고 하는 한자를 먼저 소리 내어 말해보고, 그다음 한 글자 안에 있는 각각의 글자를 분해해보고, 마지막으로 전체를 조합해 시각화해서 외우면 뇌는 더 빠르게 받아들여요."

문 소장의 설명은 단순히 재미 삼아 쉽게 외우는 방법을 넘어, 고개가 절로 끄덕여질 만큼 논리적이고 체계적이었다. 홍 대리는 불현듯 무언가 떠올랐다는 듯이 말했다.

"옷이 만들어지는 원리와 비슷하네요."

"옷이요? 아, 그렇게 생각해보는 것도 재미있겠네요."

"제가 패션 디자이너는 아니라 전문적으로 말씀드릴 수는 없지만, 느낌으로는 이래요. 저희가 만드는 옷도 어떤 한 가지만으로 완성되는 것은 아니거든요. 수많은 협력이 이루어지고, 옷 위에 다양한 장식도 붙이죠. 옷깃을 떼거나, 단추나 지퍼에 변화를 주는 것만으로도 완전히 다른 옷이 되기도 하고요. 그리고 보니 대단하네요. 한자는 '변화의 문자' 그 자체인데요?"

홍 대리는 놀라운 발견을 한 기분이 들었다. 어렵게만 느껴지던 한자가 과학적이면서도 예술적으로 다가왔다. 무조건 외워야 하는 줄 알고 무식하게 머리에 집어넣으려고만 했고, 그러다 보니 자고 일어나면 전혀 기억이 안 나 한자에 대한 두려움마저 생겼었다. 그런데 문 소장이 알려준 것처럼 한자를 분해하여 각각의 뜻을 파악한 다음 이미지로 연결시키니, 보다 쉽게 기억할 수 있을 것 같았다. 홍 대리에게는 그야말로 혁명 같은 일이었다.

"아는 한자가 조금씩 늘어나면 공부에 가속도가 붙을 거예요. 유추할 수 있는 단어가 엄청나게 불어나거든요."

"네, 알겠습니다! 그런데, 그렇게 공부해도 외워지지 않는 한자가 있으면 그땐 어떻게 해야 할까요?"

"그럴 땐 '왕희지식 공부법'을 이용하는 수밖에 없죠."

"왕희지요? 그게 뭐예요?"

"중국 당나라 때 활동하던 대문호이자 서예가예요."

"아……!"

홍 대리는 부끄러워서 뒷말을 잇지 못했다. 공부법 이름이라고만 생각했지, 사람 이름이라고는 미처 생각하지 못했던 것이다. 하지만 이미 엎질러진 물, 홍 대리는 앞으로의 공부를 위해서라도 중국의 유명한 인물 정도는 미리 검색해두겠다고 다짐했다.

"왕희지는 쓰는 연습을 많이 한 사람으로 유명해요. 집 근처의 연못은 그가 붓으로 글씨 연습을 많이 해서 연못물이 새까맣게 변할 정도였고, 잠자리에서는 이불에 글씨 쓰는 연습을 하느라 이불이 너덜너덜해졌다고 해요. 심지어 걸어 다닐 때도 바지에 글씨 연습을 해서 바지가 다 해졌다고 할 정도였으니까요."

"그 말인즉슨 때로는 요령 없이 무조건 외워야 하는 한자도 있다, 이 말씀이시죠?"

문 소장은 말없이 고개를 끄덕이며 미소 지었다.

한자 쪼개기로 뜻 파악하기

　중국어 공부를 어느 정도 하다 보면 '한자'라는 벽에 부딪히곤 합니다. 아마도 학창 시절에 어려운 한자를 외우느라 진땀을 흘렸던 기억 때문일 것입니다. 하지만 너무 겁먹을 필요는 없습니다. 우리가 쓰는 한자인 '번체자'에 비해 중국에서 쓰는 한자인 '간체자'는 생김새도 단순하고 쓰기도 더욱 간편하기 때문입니다.

　대부분의 중국어는 상형자, 지사자, 회의자, 형성자로 이루어져 있어서 일부 한자는 그 모양 자체로도 뜻을 유추할 수 있습니다. 또 둘 이상의 한자가 결합되어 완전히 새로운 뜻을 갖게 된 경우도 있고, 뜻 부분을 나타내는 한자와 발음 부분을 나타내는 한자가 결합되어 생겨나는 형태도 있죠. 따라서 한자를 상하좌우, 대각선으로 쪼개서 외우면 단어가 가진 본래의 뜻과 파생된 의미를 유추하고 적용할 수 있습니다.

　그럼, 지금부터 한자의 구조와 함께 한자를 쉽고 간단하게 외우는 방법에 대해 자세히 알아볼까요?

• 한자의 구조 •

★ **상형자** 사물의 형태나 물체의 형상을 눈에 보이는 대로 그려서 만든 글자

날(해) 일	달 월	뫼 산
日	月	山

내 천	나무 목	사람 인
川	木	人

★ **지사자** 추상적인 의미를 표현하기 위해 부호나 기호를 사용하여 만든 글자

위 상	아래 하	한(하나) 일
上	下	一

두 이	열 십	일백 백
二	十	百

山 →   川 →   木 →

★ **회의자** 둘 이상의 한자를 합하여 하나의 새로운 뜻을 나타내는 글자

밝을 명	믿을 신	수풀 림
明	信	林

좋을 호	맑을 청	편안 안
好	清	安

★ **형성자** 한자를 구성하는 한쪽은 뜻을, 다른 한쪽은 소리를 나타내는 글자

강 강	마을 촌	토할 토
江	村	吐

풀 초	볕 경	물을 문
草	景	问

明 →   林 →

물수
水 ⇨ 氵

물 하	바다 해	씻을 세	큰 바다 양	고기 잡을 어
河	海	洗	洋	漁

기름 유	목마를 갈	헤엄칠 영	땀 한	목욕할 욕
油	渴	泳	汗	浴

풀초
草 ⇨ 艹

꽃 화	차 다	나물 소	나물 채	국화 국
花	茶	蔬	菜	菊

난초 란	연꽃 련	싹 아	모(싹) 묘	포도 포
蘭	蓮	芽	苗	葡

마음 심				
心 ⇨ 忄				
뜻 정	근심 우	느낄 감	사랑 애	생각할 사
情	忧	感	愛	思
생각할 념	은혜 은	잊을 망	급할 급	참을 인
念	恩	忘	急	忍

손 수				
手 ⇨ 扌				
칠 타	찾을 수	주울 습	손가락 지	쥘 악
打	搜	拾	指	握
누를 압	도울 부	꽂을 삽	주먹 권	손바닥 장
押	扶	插	拳	掌

• 한자 쪼개는 방법 •

모래 사 沙 shā	왼쪽은 '물수변氵'에 오른쪽은 '적을 소少'로 이루어진 한자로 물이 적은 상황, 즉 사막의 모래를 떠올릴 수 있다.

사막 막 漠 mò	왼쪽은 '물수변氵'에 오른쪽은 '없을 막莫'으로 이루어진 한자로 물이 없는 곳, 즉 사막을 떠올릴 수 있다.

얻을 획 获 huò	위에는 '풀초변艹', 왼쪽 아래에는 '개사슴록변犭', 오른쪽 아래에는 '개 견犬'으로 이루어진 한자로 '풀밭에 숨어있는 개를 잡아서 획득하게 되었다'라고 외울 수 있다.

몸 체 体 tǐ	왼쪽은 '사람인변亻'에 오른쪽은 '근본 본本'으로 이루어진 한자로 '사람에게 있어서 근본은 몸이다'라고 외울 수 있다.

인정할 인 认 rèn	왼쪽은 '말씀언변讠'에 오른쪽은 '사람 인人'으로 이루어진 한자로 '사람이 말을 듣고 인정하다'라고 외울 수 있다.
판단할 판 判 pàn	왼쪽은 '반 반半'에 오른쪽은 '칼도방刂'으로 이루어진 한자로 '칼로 반을 자르듯이 딱 잘라 판단하다'라고 외울 수 있다.

12 따라 하는 것도
효과적으로, 재미있게!

노래를 따라 부르며 문장과 친해지는 법

"자, 어려운 한자 공부법도 살펴봤으니 지금부터는 일상에서 좀 더 재미있게 공부할 수 있는 방법을 이야기해볼까요?"

홍 대리에게는 더할 나위 없이 반가운 소리였다. 한자 공부가 재미있긴 했지만 조금씩 머리가 아파오려던 참이었다. 게다가 일상에서 재미있게 공부하는 것이야말로 자신이 중국어를 공부할 때 모토로 삼고 싶은 것이었다. 흥미가 생길 수밖에 없었다.

두 사람은 분위기를 전환하기 위해 차를 새로 주문했다. 카페에서 흘러나오는 노래도 어느새 조용한 발라드로 바뀌어 있었다. 차를 마시면서 잠시 노래를 듣던 문 소장이 물었다.

"홍 대리님, 노래 좋아하세요?"

"그럼요. 엄청 좋아하죠. 최신 곡은 거의 다 꿰고 있습니다."

"드라마는요?"

"개인적으로는 스포츠를 더 좋아하지만 업무상 일부러 드라마를 많이 찾아보는 편이에요. 저희 옷이 협찬으로 들어간 드라마를 챙겨 보는 건 당연하고, 라이벌 회사가 협찬한 드라마도 눈여겨보려고 하고 있고요."

드라마 주인공들의 패션을 통해 트렌드를 파악하고 소비자 선호도를 조사하는 일은 홍 대리에게도 중요한 업무였다. 회사 브랜드 제품이 유명 연예인들의 공항 패션으로 이어지게 하는 일도 마케팅에서 빼놓을 수 없는 전략이었다. 자연스럽게 연출하는 듯했지만 철저한 광고 효과를 노리는 일이었기에 한 번이라도 더 노출되는 것이 중요했다.

"외국 드라마를 볼 때도 배우들이 입은 옷에 먼저 눈이 가요. 단순한 스타일도 세련되게 소화하는 배우들을 볼 때면 감탄이 절로 나오죠. 어쩔 수 없는 직업병인가 봐요."

"좋은 습관을 가지셨네요. 홍 대리님은 일에서도 꼭 성공하실 거예요."

문 소장의 진심 어린 칭찬을 들으니 괜히 쑥스러워졌다. 회사 동료들이 대부분 비슷한 성향을 갖고 있어서 자신이 특별하다고 생각해본 적은 없었다. 하지만 누구보다 잘하고 싶은 마음으로 열심히 일하고 있다는 것만큼은 당당히 말할 수 있었다. 문 소장의 말을 들으며 홍 대리는 왠지 모를 자신감과 뿌듯함을 느꼈다. 중국어를 마스터해서 앞으로 더욱 성장하고 발전해야겠다는 마음의 각오까지 더 강해졌다.

"노래와 드라마를 잘 활용하면 중국어 공부에도 도움이 많이 될 거예요. 실제로 제가 활용한 방법이기도 하고요. 유학 시절에 저는 주화건周華健 씨가 부른 「펑여우朋友」, 그러니까 「친구」라는 노래를 좋아해서 정말 엄청 많이 들었거든요. 나중에 한국에서 안재욱 씨가 리메이크해서 큰 인기를 끌었던 그 노래예요. 그래서 수업 시간에 이 노래를 학생들에게도 많이 가르쳐주었어요. 중국어로 노래를 반복해서 부르면 중·고급 어휘와 문장을 하나씩 익혀나가는 데 정말 좋거든요."

홍 대리는 당장 오늘부터 중국어 노래를 찾아서 듣고 따라 부르며 공부해봐야겠다는 생각이 들었다.

"유튜브로 중국 노래들부터 검색해봐야겠네요. '친구'라는 노래는 저도 잘 알고 있으니 이것부터 시작해봐야겠어요. 따라 부를 수도 있을 것 같고요."

"네, 아무래도 쉽게 따라 부를 수 있는 노래가 공부하기에는 가장 안성맞춤이죠. 그래서 한국에서 리메이크된 노래나 중국에서 리메이크된 한국 노래처럼 자신에게 익숙한 노래를 고르는 게 좋아요. 또 몇 번이고 반복해서 듣더라도 질리지 않으려면 자신이 좋아하는 스타일의 노래를 고르는 게 좋고요. 아, 너무 빠른 곡은 처음 시작하기로는 힘들 테니 피하는 게 좋습니다."

홍 대리는 고개를 끄덕였다. 알아듣지도 못할 만큼 빠른 노래를 가지고 씨름할 생각은 전혀 없었다.

"지금 잠깐 「친구」라는 노래를 들어보실래요? 들리는 발음을 적어보고 가사를 한번 생각해보는 거죠."

홍 대리는 이어폰을 끼고 노래를 들어보기 시작했다. 처음부터 가사가 귀에 쏙쏙 들어올 리는 만무했다. 들리는 발음부터 일단 적어나갔지만, 더듬더듬 장님이 코끼리 다리를 만지는 기분이었다.

쩌씨에 니엔 이 거 런, 펑 예 꿔 위 예 조우
여우꿔 레이 여우꿔 추어, 하이 찌더 찌엔슬 션머
…

"우아, 이거 쉽지 않네요. 들리는 대로 발음은 적어본다 해도 도통 무슨 말인지 이해하기가 어렵네요. 이렇게 가다간 어느 세월에 노래 한 곡을 다 마스터할지 까마득하네요."

"당연하죠. 처음부터 일사천리면 이렇게 공부할 필요가 있을까요? 두세 번 듣는 걸로는 어림도 없어요. 노래를 통해 좀 더 효과적으로 공부할 수 있는 나름의 방법을 알려드릴까요?"

"아, 노래로 공부하는 데에도 노하우가 있어요?"

"그럼요, 있죠. 물론 어떤 공부든 반복과 연습만이 최고의 효과를 가져다준다는 사실을 명심하셔야 해요. 제가 알려드리는 방법도 마찬가지로 어떻게 효과적으로 익히고 반복하느냐 하는 점에 주안점이 있는 거고요."

"네, 명심하겠습니다!"

"그럼 순서대로 한번 짚어볼게요. 본격적으로 연습해보려면 아무래도 정확한 가사를 확인해봐야겠죠? 요즘 웬만한 노래들은 검색을 통해서 찾아볼 수 있으니 쉽게 확인할 수 있을 거예요."

"네, 유튜브에서도 '중국어 노래 가사'로 검색해보니 뭐가 많이 나오네요."

"그렇죠? 일단 중국어 가사를 찾아서 노트에 적어요. 그다음에는 단어 하나하나를 알아야겠죠? 가사를 적은 줄 밑으로 발음과 성조를 표시하고, 다시 그 아랫줄에 우리말로 번역한 내용을 적으세요. 어려운 발음과 성조는 열 번 이상 읽기 연습을 하는 게 좋아요. 발음을 어느 정도 익혔다면 노래를 들으면서 의미 단위(5~10글자)로 끊어서 따라 해봅니다. 자연스러워지고 자신감이 생길 때까지 반복해서 듣고 따라 하는 게 가장 중요해요. 노래방에 가서 부를 수 있을 정도로요."

"어느 정도 익숙해지면 저도 노래방에 가서 자막을 안 보고 따라 부르는 것도 한번 도전해봐야겠네요!"

"네, 제가 오늘은 「친구」의 정확한 가사와 성조, 발음과 가사의 뜻 정리를 도와드릴 테니 연습해보시고, 이후로는 다른 곡도 꼭 도전해보세요."

문 소장은 노래의 발음과 성조, 정확한 가사와 뜻을 보완해서 설명해주었다.

这些年一个人，风也过雨也走

쩌씨에 니엔 이 거 런, 펑 예 꿔 위 예 조우

Zhèxiē nián yí ge rén, fēng yě guò yǔ yě zǒu

요 몇 년 혼자서 비바람을 겪었어

有过泪有过错，还记得坚持什么

여우궈 레이 여우궈 추어, 하이 찌더 찌엔츨 션머

Yǒuguo lèi yǒuguo cuò, hái jìde jiānchí shénme

눈물도 흘렸고, 실수도 했지만 무엇을 고집했는지 아직 기억해

真爱过才会懂, 会寂寞会回首

쩐 아이궈 차이 훼이 동, 훼이 찌모 훼이 훼이쇼우

Zhēn àiguo cái huì dǒng, huì jìmò huì huíshǒu

진짜 사랑을 해봐야 알게 되지, 고독과 추억을

终有梦终有你在心中

쫑 여우 멍 쫑 여우 니 짜이 씬쭝

Zhōng yǒu mèng zhōng yǒu nǐ zài xīnzhōng

마음속에는 항상 꿈과 네가 있었어

朋友一生一起走, 那些日子不再有

펑여우 이성 이치 조우, 나씨에 르즈 부짜이 여우

Péngyou yìshēng yìqǐ zǒu, nàxiē rìzi búzài yǒu

친구야 평생을 함께 가자, 그 시절이 다시 올 수는 없겠지만

一句话一辈子, 一生情一杯酒

이 쮜 화 이뻬이즈, 이성 칭 이 뻬이 지우

Yí jù huà yíbèizi, yìshēng qíng yì bēi jiǔ

말 한마디로 인생을 걸고, 한 잔의 술로 한평생 정을 나누네

朋友不曾孤单过, 一声朋友你会懂

펑여우 뿌청 꾸딴 궈, 이성 펑여우 니 훼이 동

Péngyou bùcéng gūdān guo, yìshēng péngyou nǐ huì dǒng

친구가 있어 외롭지 않고, 친구여 부르기만 해도 넌 이해할 수 있을 거야

还有伤还有痛, 还要走还有我

하이 여우 샹 하이 여우 통, 하이 야오 조우 하이 여우 워

Hái yǒu shāng hái yǒu tòng, hái yào zǒu hái yǒu wǒ

아직 상처도 있고 아픔도 있지만, 그래도 가야 해 나도 있잖아

"가사의 뜻까지 자세히 적어놓고 보니 의미를 떠올릴 수 있어서 좋네요. 이렇게 연습하면 감정 이입도 더 잘될 것 같아요."

"맞아요. 전체적인 스토리를 알고 한 줄 한 줄 부르다 보면 더 잘 기억될 거예요. 처음엔 잘 안 되더라도 끝까지 부르는 게 중요해요. 횟수가 반복될수록 입에 익을 테니까요. 따라 부르기를 반복하다가 어느 정도 익숙해지면 정말 중요한 다음 단계에 도전해야 해요."

"그게 뭔가요?"

"녹음해서 들어보기! 이게 정말 효과적인 방법인데, 사실 이 단계를 실행에 옮기지 않는 사람들이 꽤 많아요. 이때 정말 강조하고 싶은 팁이 하나 있는데요. 꼭 스스로 노래 부르는 것을 녹음해서 들어보세요. 내가 낸 발음이 어떤지, 성조는 제대로 하고 있는지, 속도가 너무 느리진 않았는지 주의 깊게 들어보면서 개선해야 할 부분을 찾은 후에 다시 녹음해서 들어보는 일을 반복하면 말 그대로 실력이 쑥쑥 는답니다."

홍 대리는 일주일 안에 「친구」를 완벽히 따라 부르고, 이를 녹음해서 문 소장에게 보내기로 약속했다. 당연히 소장님께 부끄럽지 않으려면 무한 연습이 필요하리라는 각오도 단단히 섰다.

드라마로 재미와 이해의 단계를 높여라

"자, 그럼 이번에는 드라마로 공부하는 방법으로 넘어가볼게요. 미국 드라마나 영국 드라마, 일본 드라마를 보다가 자연스럽게 영어나 일본어를 배우게 되었다는 얘기 많이 들어보셨죠? 우리나라 드라마나 노래로 한국어를 배운다는 외국인도 많고요."

전 세계에서 불고 있는 한류 열풍 덕에 실제로 한국어를 배우는 외국인이 늘고 있다고 했다. 한류 열풍에 대해서는 홍 대리도 몸소 체감한 적이 있었다.

몇 년 전 출장으로 갔던 미국 공항 검문대에서 홍 대리의 여권을 살펴보던 담당자가 "You know Psy?"라고 물었다. 홍 대리는 "Yes! He is my friend"라고 대답하며 휴대폰에서 싸이와 함께 찍은 사진을 보여주었다. 의상 협찬을 했을 때 광고 현장에서 만나 찍은 사진이었다. 그런데 그 사진 한 장의 힘은 대단했다. 까다롭기로 소문난 입국 절차가 무색할 만큼, 검문대 담당자는 그 즉시 환한 얼굴로 웃으면서 통과시켜주었던 것이다. 그때의 경험으로 홍 대리는 문화가 미치는 영향력이 얼마나 대단한지 절감했다. 그랬기에 노래나 드라마로 중국어를 배운다는 사실에 큰 매력을 느꼈다.

"중국 드라마는 어떤 걸 보는 게 좋은가요?"

"사실 중국어에 능숙한 사람이 아닌 경우, 중국 드라마를 바로 보는 것은 어려워요. 말하는 속도가 굉장히 빠르거든요. 특히 사극은 현대에 쓰는 말이 아닌 고어가 자주 나오는 데다가, 중국 문화를 어느 정도 알아야 이해할 수 있는 표현도 많고요."

"드라마로 공부한다고 덥석 도전했다가 오히려 좌절할 수도 있겠네요?"

"네, 그래서 처음엔 중국어로 더빙된 한국 드라마를 찾아보라고 권하고 싶어요. 그게 어느 정도 익숙해지면 그때 본격적으로 중국 드라마에 도전하는 거고요."

문 소장이 추천한 드라마는 2017년에 큰 인기를 끌었던 「쌈, 마이웨이」였다. 톡톡 튀는 주인공들이 나오는 데다가 청춘의 성장 이야기를 다루고 있어서 살아 있는 말을 배울 수 있을 거라고 했다. 홍 대리도 여동생 옆에서 몇 번 재미있게 보았던 드라마라 대략적인 내용은 알고 있었다.

문 소장은 중국어 더빙판 영상을 볼 수 있는 사이트 몇 곳을 소개해주면서, 잠시 동안 더빙된 장면들을 플레이해서 홍 대리에게 보여주기도 했다. 중국어로 더빙된 드라마 영상을 보니 확실히 흥미가 돋았다.

算了, 输了又能怎么样?

쑤안러, 슈 러 여우 넝 전머양?

Suànle, shū le yòu néng zěnmeyàng?

까짓것, 지면 어때?

我做这个并不是为了赢金卓洙。

워 쭈어 쩌거 삥 부 슬 웨이러 잉 찐 쥬어쮸.

Wǒ zuò zhège bìng bú shì wèile yíng Jīn Zhuózhū.

나 김탁수 이기려고 이거 하는 거 아니잖아.

总算做得了心潮澎湃的事儿。

종쑤안 쭈어더리아오 씬챠오펑파이 더 썰.

Zǒngsuàn zuòdeliǎo xīncháopéngpài de shìr.

가슴 터지게 하고 싶던 거 드디어 하는 건데.

随便飞就行。

쒜이삐엔 풰이 찌우 싱.

Suíbiàn fēi jiù xíng.

그냥 날면 되잖아.

喂，你在的地方不就是你的主调吗？

웨이, 니 짜이 더 띠퐝 부 찌우슬 니 더 쥬띠아오 마?

Wèi, nǐ zài de dìfang bú jiùshì nǐ de zhǔdiào ma?

야, 니가 있는 데가 너한테 메이저 아냐?

你喜欢的地方不正是你的主调吗？

니 시환 더 띠팡 부 쩡슬 니 더 쥬띠아오 마?

Nǐ xǐhuan de dìfang bú zhèngshì nǐ de zhǔdiào ma?

니가 좋은 데가 너한테 메이저 아니냐고?

"역시 재미있어야 공부도 더 잘되는 거겠죠?"

"그럼요. 공부든 뭐든 재미를 잃지 않아야 꾸준히 할 수 있어요. 그리고 재미에도 단계가 있고요."

"단계요……?"

"처음엔 흥미를 유발하는 재미지요. '아, 저거 재미있겠다'라고 생각하면 왠지 만만해 보이기도 하고, 나도 하면 잘할 수 있을 것 같아서 시도해보잖아요. 요리로 예를 들어볼까요? 홍 대리님은 어떤 요리를 잘하세요?"

"요리라고 부르긴 그렇지만 라면 하나는 제가 기가 막히게 끓입니다. 국물까지 싹싹 비울 정도로 맛있어요."

"하하, 부럽네요. 이상하게 전 라면 끓이는 게 어렵더라고요. 물 조절이 잘 안 돼요."

"의외인데요? 그럼 소장님은 특별히 잘하시는 요리가 있나요?"

"유학 시절에 친구들을 불러다가 요리를 해 먹일 때가 있었어요. 떡볶이나 김밥 같은 것들이었는데 인기가 아주 좋았죠. 처음엔 중국인 친구들을 사귀려는 목적이 컸는데, 나중엔 요리 자체의 매력에 빠졌어요. 그때부터 뭔가 만드는 즐거움을 알게 되었죠. 그러다가 시간이 흐른 후 본격적으로 요리를 배운 적이 있었는데, 제대로 하려고 보니 요리는 예술과 과학의 영역이더군요. 창조적인 영감도 필요하고요. 이후로 전문적인 셰프들은 물론 요리를 잘하는 분들을 보면 정말 존경심이 들어요."

"셰프들이 하는 요리를 보면 입이 떡 벌어지긴 하더라고요."

"네, 잠깐 샛길로 빠졌는데 그래서 제가 하고 싶은 말은 요리에서 배운 경험을 중국어 공부에도 적용할 수 있다는 거예요. 처음엔 어떤 목표를 갖더라도 재미가 중요하다는 것이죠. 제가 중국인 친구들을 사귀려는 목적을 갖고 있었어도 요리를 해서 같이 먹는 즐거움을 느끼지 못했다면 한 번 하고 말았을 거예요. 그런데 하다 보니 요리 실력도 늘고, 먹는 사람이 맛있다고 칭찬도 해주니 더 어려운 요리에 도전하게 되더라고요. 그 과정에서 시행착오를 겪기도 했지만 몇몇 요리들은 완전히 손에 익어서 지금도 어렵지 않게 만들어요. 해물파전, 오징어무침 등 대부분 술안주지만요."

술안주라는 말에 홍 대리가 공범자의 미소를 지었다. 자신도 할 줄 아는 요리가 거의 술안주에 가까운 것이기 때문이었다.

"지금도 몇 가지 재료만으로 먹을 만한 걸 만들곤 하는데, 그건 제가 요리에 뛰어난 재능이 있어서가 아니라 '경험으로 익힌 노하우'가 있어서예요. 처음엔 레시피대로 했지만 지금은 눈대중으로 할 수 있는 것도 '감'이 생겼기 때문이고요. 중국어도 마찬가지예요. 재미를 붙여 공부하다 보면 자신만의 감이 생기고, 모르는 게 나와도

'맥락'으로 이해할 수 있게 되거든요."

내용과 흐름이 있는 노래나 드라마로 중국어를 공부하면 맥락을 이해하는 감이 높아진다는 것은 두말할 필요가 없었다.

"줄거리를 아는 한국 드라마의 중국어 더빙판으로 공부하면 앞뒤 상황을 더 쉽게 파악할 수 있다는 게 가장 큰 장점이죠. 중국어를 드문드문 잘 알아듣지 못해도 드라마가 흘러가는 상황만큼은 쉽게 파악할 수 있으니까요. 어떤 것은 문장 전체를 다 알아듣지 못해도 단어 몇 개만으로도 대화 내용을 추론할 수 있고요. 그래서 자꾸 듣다 보면 안 들리던 부분이 들리는 때가 올 거예요. 우리나라 드라마니 말하고자 하는 문장을 중국어로 어떻게 표현하는지 배울 수도 있고요. 처음엔 단어 몇 개만 들려도 괜찮아요. 점차 들리는 말이 조금씩 늘어갈 테니까요."

홍 대리는 고개를 끄덕이며 문 소장의 이야기에 계속 집중했다.

"감이 생기고 난 그때부터가 굉장히 중요해요. 자신감이 높아지면서 어려운 코스에 도전해보고 싶어지거든요. 저도 부침개나 떡볶이 등 간단히 해 먹을 수 있는 간식을 쉽게 만들게 되니 한식 밑반찬이나 김치를 담그는 일에도 도전하게 되고, 나중엔 정통 중국 요리까지 배우고 싶어지더라고요."

홍 대리는 자신의 현재 중국어 실력은 '라면' 단계라는 생각이 들었다. 김치는커녕 밑반찬도 언감생심이었다. 더군다나 정통 중국 요리는 더욱더 요원한 일처럼 느껴졌다.

"초보 단계를 지나 중급 단계로 들어서기까지 좌절하지 않고 쭉 갈 수 있는 방법은 없나요?"

"그런 방법은 없어요. 반드시 좌절을 겪게 되어 있으니까요. 하지만 괜찮아요."

"좌절을 겪어도 괜찮다고요?"

"네, 공부든 요리든 운동이든 한 번도 좌절하거나 실패하지 않고 배울 수 있는 게 있나요? 그런 건 단연코 없어요. 홍 대리님은 입사 후 업무를 완벽하게 해내며 승승장구만 하셨나요?"

"하하…… 설마 그럴 리가요. 제가 한 삽질을 생각하면 지구를 뚫고 들어가 브라질이나 아르헨티나 어디쯤 나올 걸요."

"저도 그래요. 엄청나게 좌절하고, 수도 없이 실패했어요. 그러면서 서서히 실력이 늘었고요. 좌절과 실패의 시간들이 있었기 때문에 더 잘하게 되었다고 생각해요."

"성공으로 가는 길에 실패가 반드시 필요하다는 거죠?"

"네, 그리고 성공보다 실패에서 얻는 게 더 많아요. 성공은 많은 것을 알려주지만, 실패는 모든 것을 알려주니까요."

무엇을 하면 되는지, 무엇을 하면 안 되는지, 어떻게 하면 더 잘하게 되는지, 어떻게 하면 해도 실력이 안 느는지 등 실패를 통해서 배우는 것들이 많기 때문에 초반에는 중국어에 대한 실패를 반복하면서 꾸준히 해나가는 게 중요하다는 말이었다.

"드라마를 보면서 대사를 듣고 말하는 연습을 꾸준히 해보세요.

반복할수록 듣기 실력도 향상되고 말하기와 암기력도 높아질 거예요. 그러다 보면 어느새 자신도 모르게 자연스럽게 중국어가 귀에 쏙쏙 들리는 날이 올 거예요."

"네, 소장님이 추천해주신 드라마 더빙판부터 정주행해야겠습니다. 마음에 들었거나 말해보고 싶은 문장은 따로 적고 외우는 것도 도움이 되겠죠?"

"물론이죠."

"드라마를 보면서 인상적으로 와닿은 대사들을 외워두면 좋겠다는 생각이 들었어요. 드라마 속 한 장면, 대사 한마디로 인해 큰 위로를 받거나 가슴이 뭉클해질 때도 꽤 있었거든요. 그 장면의 그 대사들을 중국어로 해본다니 왠지 감개무량하네요."

드라마 「쌈, 마이웨이」 속 인상 깊었던 장면이 떠올랐다. 여주인공의 아버지가 취직도 못하고 있는 딸에게 힘들게 번 돈을 줄 때, 딸이 울면서 한사코 받지 않겠다고 말하는 그 장면을 보면서 홍 대리는 중학교 때 아버지의 모습을 떠올렸다. 수제 구두를 만드는 일을 접고 뒤늦게 택시 운전을 시작한 아버지는 원거리를 운행하고 나면 늘 어머니 몰래 용돈을 쥐어주시곤 했다.

'그땐 그 돈을 차마 쓸 수 없어서 참고서 사이에 몰래 끼워두곤 했는데…….'

그 돈을 언제 어디에다 썼는지는 기억조차 나지 않았지만, 돈을 쥐어주시던 아버지의 두툼한 손만큼은 아직도 가슴에 남아 있었다.

평생 가족을 위해 헌신하신 아버지와 그런 아버지의 거친 손을 생각하면 지금도 목울대에서 뜨거운 것이 느껴지곤 했다.

문 소장과의 이야기를 마무리하고 집으로 돌아오는 길에 홍 대리는 스스로에게 물었다.

'드라마 속 청춘들처럼, 가슴 터지게 하고 싶은 일이 뭐냐?'

제일 먼저 불쑥 올라온 대답은 '중국어를 정말로 잘하고 싶다'였다. 중국에서 자신의 꿈을 펼치고 싶었다. 생각만으로도 가슴이 두근거렸다. 꼭 그렇게 되게끔 만들고 싶었다. 하고 싶다는 열망과 할 수 있다는 자신감이 느껴지면서 아까보다 가슴이 더 세차게 뛰었다. 홍 대리는 오늘 봤던 드라마 속 대사를 주인공처럼 힘차게 외쳤다.

去做热血沸腾的事儿!

취 쭈어 러쉬에페이텅 더 썰!

Qù zuò rèxuèfèiténg de shìr!

너 가슴 뛰는 거 해!

음악과 드라마로 즐겁게 실력 쌓기

긴 배움의 여정에서 보다 즐겁게, 보다 효과적으로 공부할 수 있는 방법들을 잘 활용해본다면 때때로 마주하는 슬럼프를 이겨내는 데 도움이 될 거예요. 홍 대리가 배운 것처럼 노래와 드라마를 활용해 중국어 공부에 재미를 붙여보세요. 즐겁게 노래를 부르고 흥미진진하게 드라마를 보면서 언어에 대한 감각도 키우고, 어휘와 문장 실력도 쌓아보는 건 어떨까요?

• 노래 가사 따라 해보기 •

다음에 소개해드리는 노래들은 우리에게 익숙한 노래로, 초보 단계에서 공부하기에 적합한 노래입니다. 어느 정도 익숙해지면 다른 노래를 스스로 찾아 연습해보세요!

손남孙楠의 「I believe」에서

- 신승훈의 「I believe」

I believe, 你还在那里等待

I believe, nǐ hái zài nàli děngdài

I believe, 너는 아직도 그곳에서 기다리고 있니

爱的路总是充满了祝福

Ài de lù zǒngshì chōngmǎn le zhùfú

사랑의 길은 항상 행복이 가득하곤 해

I believe, 你还在把爱深埋

I believe, nǐ hái zài bǎ ài shēnmái

I believe, 너는 아직도 사랑을 (마음속) 깊이 묻고 있니

我在这里为你整夜在徘徊

Wǒ zài zhèli wèi nǐ zhěngyè zài páihuái

난 여기에서 너를 위해 밤새도록 배회하고 있어

202

看不到未来却挡不住相爱

Kànbudào wèilái què dǎngbuzhù xiāng'ài

미래가 보이진 않지만 그렇다고 사랑을 막을 순 없어

就算短暂分开也不能把这缘分结束

Jiùsuàn duǎnzàn fēnkāi yě bù néng bǎ zhè yuánfèn jiéshù

설령 짧은 헤어짐이 있다고 할지라도 이 인연을 끝낼 수 없어

你 nǐ 너 | 还 hái 아직도 | 在 zài ~에서 | 那里 nàli 그곳 | 等待 děngdài 기다리다 | 爱
ài 사랑 | 的 de ~의 | 路 lù 길 | 总是 zǒngshì 항상 | 充满 chōngmǎn 가득하다 | 了 le
~했다 | 祝福 zhùfú 행복, 축복 | 在 zài ~하고 있다 | 把 bǎ ~을(를) | 深埋 shēnmái 깊
이 묻다 | 我 wǒ 나 | 这里 zhèli 여기, 이곳 | 为 wèi ~을(를) 위해 | 整夜 zhěngyè 밤새도
록 | 徘徊 páihuái 배회하다 | 看不到 kànbudào 보이지 않다 | 未来 wèilái 미래 | 却 què
~지만 | 挡不住 dǎngbuzhù 막을 수 없다 | 相爱 xiāng'ài (서로) 사랑하다 | 就算 jiùsuàn
설령 ~할지라도 | 短暂 duǎnzàn 짧다 | 分开 fēnkāi 헤어지다 | 也 yě ~도 | 不 bù ~하
지 않다 | 能 néng ~할 수 있다 | 这 zhè 이 | 缘分 yuánfèn 인연 | 结束 jiéshù 끝나다

我不知道今天星期几, 是个坏天气

Wǒ bù zhīdao jīntiān xīngqī jǐ, shì ge huài tiānqì

오늘이 무슨 요일인지, 날씨는 좋은지 나쁜지도 모르겠네요

一年又一天忽然又想到你

Yìnián yòu yìtiān hūrán yòu xiǎngdào nǐ

일 년 하고도 하루 만에 불현듯 다시 당신이 떠올라요

翻翻小说弹一弹钢琴

Fānfan xiǎoshuō tán yi tán gāngqín

소설책을 펼쳐보고 피아노를 치기도 하고

顺手回几封电子信

Shùnshǒu huí jǐ fēng diànzi xìn

손 가는 대로 이메일도 몇 통 보냅니다

我在捷运线的车子里，像低空飞行

Wǒ zài jiéyùnxiàn de chēzi li, xiàng dīkōng fēixíng

저는 직행버스에 몸을 맡기고 마치 저공비행을 하듯

飞过这城市，才不管目的地

Fēi guò zhè chéngshì, cái bùguǎn mùdìdì

이 도시를 빠져나갑니다, 목적지는 알 바 아니에요

我 wǒ 나 | 不 bù ~하지 않다 | 知道 zhīdao 알다 | 今天 jīntiān 오늘 | 星期 xīngqī 요일 | 几 jǐ 몇 | 是 shì ~이다 | 个 ge 개 | 坏 huài 나쁘다 | 天气 tiānqì 날씨 | 一年 yìnián 일 년 | 又 yòu 또 | 一天 yìtiān 하루 | 忽然 hūrán 불현듯, 갑자기 | 想 xiǎng 생각하다 | 到 dào 동작이 목적에 도달했거나 결과가 있음을 나타냄 | 你 nǐ 너 | 翻 fān 펼치다 | 小说 xiǎoshuō 소설 | 弹 tán 치다, 연주하다 | 钢琴 gāngqín 피아노 | 顺手 shùnshǒu 손 가는 김에 | 回 huí 회신하다 | 封 fēng 통 | 电子信 diànzǐ xìn 전자우편 | 在 zài ~에서 | 捷运线 jiéyùnxiàn 직행버스, 지하철 | 的 de ~의 | 车子 chēzi 차량 | 里 li 안 | 像 xiàng 마치 | 低空 dīkōng 저공 | 飞行 fēixíng 비행하다 | 飞 fēi 날다 | 过 guò 넘다, 건너다 | 这 zhè 이(것) | 城市 chéngshì 도시 | 才 cái 강조의 뜻을 나타냄 | 不管 bùguǎn 상관하지 않다 | 目的地 mùdìdì 목적지

왕리홍王力宏의 「Kiss Goodbye」에서

_ 드라마 「내 이름은 김삼순」(중국판) 엔딩곡

Baby 不要再哭泣, 这一幕多么熟悉

Baby búyào zài kūqì, zhè yí mù duōme shúxi

Baby 다시는 울지 말아요, 이런 모습 너무도 익숙하죠

紧握着你的手彼此都舍不得分离

Jǐnwò zhe nǐ de shǒu bǐcǐ dōu shěbude fēnlí

당신의 손을 잡고 서로 이별을 아쉬워해요

每一次想开口但不如保持安静

Měi yí cì xiǎng kāikǒu dàn bùrú bǎochí ānjìng

매번 말하고 싶지만 침묵을 지키는 게 나아요

给我一分钟专心好好欣赏你的美

Gěi wǒ yì fēnzhōng zhuānxīn hǎohāo xīnshǎng nǐ de měi

나에게 1분만 줘요 당신의 아름다움을 감상할 수 있게

不要 búyào ~하지 마 | 再 zài 다시 | 哭泣 kūqì 울다 | 这 zhè 이(것) | 一幕 yímù 모습, 장면 | 多么 duōme 너무도 | 熟悉 shúxī 익숙하다 | 紧握 jǐnwò 잡다 | 着 zhe ~하고 있다 | 你 nǐ 너 | 的 de ~의 | 手 shǒu 손 | 彼此 bǐcǐ 서로 | 都 dōu 모두 | 舍不得 shěbude 아쉬워하다 | 分离 fēnlí 이별하다 | 每 měi 매 | 一 yí 하나, 1 | 次 cì 번 | 想 xiǎng ~하고 싶다 | 开口 kāikǒu 말을 하다 | 但 dàn 하지만 | 不如 bùrú ~하는 편이 낫다 | 保持 bǎochí 지키다 | 安静 ānjìng 조용하다 | 给 gěi ~에게 ~을(를) 주다 | 我 wǒ 나 | 一 yí 일, 하나 | 分钟 fēnzhōng 분 | 专心 zhuānxīn 몰두하다, 집중하다 | 好好 hǎohāo 잘, 제대로 | 欣赏 xīnshǎng 감상하다 | 美 měi 아름다움

★ 중국어 노래를 다운로드 받을 수 있는 어플

• QQ뮤직QQ音乐

동영상 포털사이트 텐센트腾讯(Tencent)의 무료 음악 플랫폼으로 온라인 미리 듣기, 신곡 다운로드, 휴대폰 벨소리 다운로드 등 여러 가지 서비스를 제공합니다. 다른 사이트에 비해 들을 수 있는 한국 노래가 많고, 중국어로 번역된 가사도 함께 볼 수 있다는 장점이 있습니다.

• 시아미뮤직虾米音乐

알리바바阿里巴巴의 무료 음악 사이트로 노래를 랜덤으로 플레이하는 기능, 자신이 듣고 있는 노래와 비슷한 취향의 노래를 추천해주는 기능 등이 있어 다양한 노래를 접하는 재미가 있습니다. 중국어 번역 가사 제공은 QQ뮤직과 동일합니다.

• 유튜브

저작권 문제로 인해 한국에 제공되지 않는 중국 노래를 듣고 싶은 경우, 유튜브 사용을 추천합니다.

★ 따라 부르기 좋은 리메이크 노래

- F4의 「你不爱我爱谁」 - god의 「사랑해 그리고 기억해」
- 반위백潘玮柏의 「Tell me」 - 지누션의 「말해줘」

- 여명黎明의「中毒的爱情」 – 조장혁의「중독된 사랑」
- 용조아容祖兒의「小天使」 – 왁스의「화장을 고치고」
- 허지안许志安의「恋爱频率」 – 쿨의「아로하」
- S.H.E의「Yes I Love U」 – 윤미래의「하루하루」
- 장학우張學友의「头发乱了」 – 박진영의「Honey」

・드라마로 맥락 이해하기 ・

   드라마는 기본적으로 인물들이 나누는 대사에 의해 스토리가 전개됩니다. 한두 마디 나누고 끝나는 틀에 박힌 문장이 아니라, 현 세태를 반영한 주제와 내용, 신조어가 모두 등장하기 때문에 살아 있는 회화를 접할 수 있는 좋은 교재나 다름없죠. 줄거리에 따라서는 앞 회에 나왔던 이야기가 요약 또는 반복되기도 하고, 같은 상황을 인물의 시각에 따라 달리 표현하고 묘사해주는 대사가 나오기도 하고요. 스토리에 몰입한 채 드라마에 나오는 대사를 반복적으로 인지하다 보면, 자신도 모르게 같은 의미의 문장을 좀 더 확장해서 풍부하게 공부해볼 수 있을 것입니다.

   그럼, 드라마에 대한 막막한 두려움을 벗어던지고 다음 일곱 가지 순서에 따라 하나씩 정복해볼까요?

❶	자막 보면서 영상 보기
❷	모르는 단어는 과감히 패스하기
❸	모르는 내용은 검색하고 뜻 파악하기
❹	자막 안 보고 영상 보기
❺	안 들리는 단어, 표현, 문장은 다시 확인하기
❻	영상 안 보고 대사만 듣기
❼	꼭 말해보고 싶은 표현은 따로 적어서 정리하기

드라마 「孤单又灿烂的神-鬼怪」에서
_「쓸쓸하고 찬란하神-도깨비」

和你在一起的时光都很灿烂。

Hé nǐ zài yìqǐ de shíguāng dōu hěn cànlàn.

너와 함께 한 시간 모두 눈부셨다.

因为天气好, 因为天气不好, 因为天气刚刚好, 每一天都很美好。

Yīnwèi tiānqì hǎo, yīnwèi tiānqì bù hǎo, yīnwèi tiānqì gānggāng hǎo, měi yìtiān dōu hěn měihǎo.

날이 좋아서, 날이 좋지 않아서, 날이 적당해서, 모든 날이 좋았다.

★ 중국어 더빙판 한국 드라마를 다운로드 받을 수 있는 사이트

유쿠优酷(Youku), 아이치이爱奇艺(iQIYI), 텐센트는 중국의 3대 동영상 사이트입니다. 그중에서도 유쿠는 중국 최대의 동영상 포털사이트로(2017년 기준) 영상을 업로드 할 때 길이와 용량의 제한이 없다는 장점이 있습니다. 그런데 사실 얼마나 다양한 영상을 제공하느냐의 차이 정도만 있을 뿐, 서비스 제공 면에서는 큰 차이가 없어서 자신에게 더 편한 사이트를 고르면 됩니다.

★ 중국어로 더빙된 한국 드라마 추천

- 「太阳的后裔」 – 「태양의 후예」(KBS2)

- 「贤内助女王」 – 「내조의 여왕」(MBC)

- 「继承者们」 – 「상속자들」(SBS)

- 「来自星星的你」 – 「별에서 온 그대」(SBS)

완전히 내 것으로 만드는
원 페이지 학습법

왜 아는 단어인데도 잘 안 들리지?

토요일 오후, 홍 대리는 오랜만에 어머니와 함께 집에 있었다. 중국어 공부도 할 겸 모처럼 만에 대화도 나눌 겸 홍 대리는 중국어로 더빙된 드라마 「쌈, 마이웨이」를 같이 보는 게 어떻겠냐며 어머니에게 유난을 떨었다.

"장국영이 나오는 것도 아니고, 어린 애들만 잔뜩 나오는 그런 드라마가 재미있냐?"

아무래도 김 여사는 흥미가 마구 당기지는 않는 모양이었다. 꽃중년 배우가 나오거나 코믹한 드라마를 좋아하는 어머니는 주변 사람들이 '홍 여사'라고 부를 만큼 흥이 많은 분이었다. 가는 곳마다 웃음보따리를 풀어놓았기에 어딜 가나 인기 만점이었다. '영원한 오빠' 장국영이 죽었다는 비보를 들었을 때 말고는 우울한 모습을 보인 적이 거의 없었다. 특히 아버지가 중국어를 배운 이후 하나둘 따라 하다가 얼렁뚱땅 입에 붙게 된 중국어 몇 마디는 어머니의 단골 개그 소재였다.

중국어 더빙판이라는 점에서 그래도 호기심이 가긴 했는지 김 여사는 아들과 함께 나란히 앉아 드라마를 보기 시작했다. 어머니 앞이라 쑥스러웠지만 홍 대리는 드라마를 시청하면서 간단한 단어들을 따라서 말해보려고 노력했다. 어느새 김 여사는 홍 대리가 중국어를 더듬거리며 내뱉을 때마다 이어서 받아치고 있었다. 한국말 끝에 '~라' '~해'를 붙여 말하는 '김 여사표 한국식 중국어'였다. 누가보면 둘이 중국어로 대화를 하는 줄 알지도 모르는 광경이었다. 모자는 호흡이 척척 맞았다. 어떤 때는 둘이 중국어와 한국말을 섞어 하다가 웃음이 터졌다.

"나보다 중국어를 더 잘하시는데요? 솔직히 말해보세요. 저 드라마 원래 다 보셨죠?"

"뭐래니. 너 때문에 봐주고 있는 건데. 원래 드라마라는 게 다 통하는 데가 있어서 대강 그림만 봐도 무슨 얘기하는지 감으로 척척 알겠고만, 뭐."

드라마 속 주인공들이 한창 꿈에 대해 이야기를 하고 있는 중이었다. 말없이 화면만 보던 김 여사가 불쑥 이렇게 물었다.

"아들, 넌 꿈이 뭐냐?"

"꾸, 꿈이요?"

뭔가 다 꿰뚫어보는 듯한 어머니의 기습적인 질문에 홍 대리는
당황했다. 그냥 못 들은 체하고 싶었지만, 김 여사는 말할 때까지 기
다리겠다는 듯 동그랗게 뜬 눈으로 홍 대리를 뚫어져라 보고 있었
다. 손발이 오그라들 정도로 쑥스럽고 부끄러웠지만 어쨌든 대답을
하긴 해야 할 것 같았다.

"꿈이라고 말하기는 좀 그렇지만, 지금은 중국어를 잘하는 게 가
장 큰 목표죠. 회사가 중국에 진출하는 시점이니까 제가 큰일을 좀
해야 하지 않겠어요?"

말은 그럴싸하게 했지만, 홍 대리는 왠지 헛헛한 마음을 느꼈다.
언젠가부터 현실에 맞춰 타협하듯 살아왔던 자신이었다. 그러나 드
라마 속 주인공들은 스펙이 없어도 쳇바퀴 같은 현실을 뛰어넘어
꿈을 좇고 있었다. 그에 비해 지금 자신이 이야기한 꿈은 솔직히 알
맹이가 없는 것처럼 느껴졌다.

'회사가 중국에 진출하면 그때는 내 꿈이 사라지게 되는 걸까?'

잠시 생각에 잠겼던 홍 대리는 한국과 중국을 넘나들며 패션 시
장을 활보하는 자신의 모습을 상상해보았다. 그리고 어머니에게 하
는 건지 자신에게 하는 건지 모를 말이 불쑥 튀어나왔다.

"정말로 중국어를 열심히 배워서 꼭 중국에서 일할 기회를 만들
어보려고요. 그냥 하는 말이 아니라, 앞으로 더 큰 세상에 나가서 경
험을 쌓고 싶은 마음이에요."

"오, 그래? 우리 아들 출세하면 엄마도 중국 여행 정도는 원 없이

할 수 있으려나?"

"그럼요. 기대 많이 하세요. 제가 좋은 곳은 다 모시고 갈게요."

평소로 돌아온 모자는 장난처럼 주거니 받거니 하며 다시 드라마에 빠져들었다. 한 편이 다 끝나갈 무렵, 김 여사가 또 불쑥 질문을 던졌다.

"그런데 너희 아버지, 요즘 수상하지 않니?"

"아버지가요? 왜요?"

"감이 딱 와. 뭔가 수상해. 돈을 어디에 꼬불치는 것 같아."

"에이, 그럴 리가 있나요. 평생 어머니를 속이신 적이 단 한 번도 없었잖아요."

"그랬지. 그러니까 이상하다는 거야."

"아버지가 돈을……."

꿍칠 때는 어머니를 위해 뭔가를 준비하고 있을 때뿐이라는 것을 말하려다가 홍 대리는 입을 굳게 닫았다. 아버지의 즐거움을 굳이 방해하고 싶지 않아서였다. 결혼한 지 35년이 지났어도 여전한 사랑꾼인 아버지를 위해 홍 대리는 아무것도 모르는 척 조용히 자신의 방으로 들어갔다.

방금 전 보았던 드라마 장면들을 떠올렸다. 한국 드라마 더빙판이라도 대사가 길거나 빠른 건 도무지 잘 들리지 않았다. 사실 노래와 드라마로 중국어를 공부하기 시작하면서부터 자신의 듣기 실력이 턱없이 부족하다는 것을 실감하고 있던 참이었다.

'이렇게 계속 듣고 본다고 해서 정말로 귀가 트일까? 뭔가 또 다른 방법은 없을까……?'

홍 대리는 자신의 듣기 실력을 향상시킬 방법을 고민하기 시작했다. 곧바로 문 소장에게 전화해서 물어보고 싶은 마음이었지만, 무턱대고 답을 달라고 말하기도 부끄러웠다. 할 수 있는 만큼 최대한 해보고 난 뒤 잘 안 되는 곳을 물어보자고 마음먹었지만, 그래도 답답한 마음이 쉽게 가시지 않았다. 단어를 모르기 때문에 안 들리는 부분은 그렇다 쳐도 아는 단어조차 잘 들리지 않으니 이상했다.

'이유가 뭐지? 대체 뭐가 문제일까?'

듣기 문제를 극복하는 훈련

드라마 한 장면을 반복 재생하며 듣다가 홍 대리는 불현듯 한 가지 사실을 깨달았다. 바로 '속도의 차이'였다. 드라마 대사는 자신의 말하기 속도와는 비교도 안 될 만큼 터무니없이 빨랐다.

좀 더 정확하게 파악하기 위해 홍 대리는 자신이 1분 동안 중국어 글자를 얼마나 읽을 수 있는지 녹음해서 들어보았다. 생각했던 것보다도 훨씬 더 느릿느릿했다. 당연히 스스로 녹음한 중국어는 귀에 쏙쏙 박혔다. 그러고 보니 또박또박 천천히 녹음된 중국어 교육용 영상은 꽤 들을 만했다.

'내가 말하는 속도대로만 들리는 거였구나. 일단 속도를 올리는 것부터 해결해야겠다!'

홍 대리는 오후 나절 내내 듣고 따라 하는 것을 반복하면서 말하기 속도를 높여보려고 연습을 거듭했다. 매일 읽기 연습을 통해 속도를 높여나가는 계획도 세웠다. 듣기 실력을 향상시키려면 순발력도 필요했다. 너무 빠르게 읽는다 싶으면 오히려 말이 꼬이고 문장이 끊겼다. 성조에 주의하여 반복해서 녹음을 해보기도 했다. 물론 한 번에 변화할 리 만무했다. 속이 답답할 때마다 '꾸준히 하는 만큼 성과가 보일 것'이라는 문 소장의 조언을 떠올렸다. 노래 한 소절을 말할 때마다, 드라마 대사 하나를 말할 때마다 조금씩 나아지고 있다고 스스로를 믿기로 했다.

홍 대리의 열혈 공부는 어머니가 저녁밥을 먹으라고 방문을 열 때까지 계속되었다. 저녁을 먹은 후 홍 대리는 결국 문 소장에게 전화를 걸었다. 듣기 연습을 하며 열공을 하다 보니 며칠 후까지 도저히 기다릴 수가 없었다.

문 소장과 통화가 된 것은 두 시간이 지난 뒤였다. 동영상 강의를 촬영하는 중이라 전화를 받지 못했다고 했다. 바쁜 와중에도 쉬는 시간을 이용해 다시 전화를 해준 문 소장이 고마웠다. 홍 대리는 시간을 빼앗지 않으려고 최대한 간략하게 궁금한 점을 정리해 물어보았다. 문 소장은 홍 대리의 듣기 연습을 칭찬해주면서 간단히 조언도 덧붙여주었다.

"여러 가지 듣기 방식을 시도하면서 훈련해보세요. 자막이나 가사를 보지 않고 들어보기, 자막을 보고 들으며 의미와 발음 꼼꼼히 되짚어보기, 듣고 보면서 이해한 문장을 소리 내어 따라 하기, 자막 없이 들으며 다시 따라 해보기, 잘 안 들리는 어려운 대사를 집중적으로 반복해 듣기 등 다양한 방법으로요. 그리고 홍 대리님이 하신 것처럼 속도를 조절하며 반복해보는 것도 좋아요. '느리게 - 보통으로 - 조금 빠르게 - 1.2배속으로 - 1.4배속'으로, 이렇게 듣기 속도에 변화를 주면서 반복하다 보면 집중하는 힘이 더 좋아질 거예요."

"네, 힘들더라도 계속 반복하면서 도전하는 방법밖에 없겠네요."

"그리고 한 가지 더 유용한 반복 학습법을 알려드릴게요. 이른바 '원 페이지 학습법'이라는 건데요."

"원 페이지 학습법이요?"

페이지 한 장에 성취의 기쁨을 담아라

"뭐든 공부를 할 땐 A4 용지 한 장에 정리해보세요. 파일에 모으기도 편하고, 따로 들고 다니면서 공부하기에도 좋답니다. 종이 한 장으로 틈날 때마다 공부할 수 있으니 그야말로 '가성비 갑'이죠. 정리한 A4 용지를 휴대폰으로 찍어서 사진첩에 저장해두는 것도 좋아요. 아날로그든 디지털이든 수시로 꺼내보는 것이 중요하니까요."

듣기 실력을 향상시킬 때에도 잘 안 들리는 문장을 따로 정리해 두고, 그것만 집중적으로 연습하면 효과적이라는 말이었다. 그뿐만 아니라 잘 외워지지 않았던 단어, 발음, 문장 등을 한꺼번에 모아서 한 장에 요약하는 방식으로 얼마든지 활용법을 넓힐 수 있었다.

"잘 알겠습니다. 다음번에 소장님을 만날 때는 원 페이지 학습법의 성과도 말씀드릴 수 있도록 노력해야겠네요!"

"네, 기대하고 있을게요."

전화를 끊고 몇 분 뒤, 문 소장으로부터 문자 한 통이 왔다. 친절하게도 원 페이지 학습법을 활용하는 방법에 대해 자세히 설명해준 내용이었다.

> 잘 안 외워지는 것들을 A4 용지에 적고 가지고 다니세요.
> 반을 접고 또 반을 접으면 간편하게 들고 다닐 수 있어요.
> 틈날 때마다 들여다보면서 기억 안 나는 것들을 다시 외우고,
> 그렇게 다시 외운 것들에는 표시를 해두세요.
> 다음에 봤을 때도 잘 안 외워진 것들은 또다시 표시하시고요.
> 처음에는 ○, △, ×로 표시하고,
> 그래도 부족하면 색깔 펜을 사용하세요.
> 정말 잘 안 외워지면 그림으로 표시해두는 것도 방법이에요.
> 어느 정도 다 외워졌다고 생각되면 벽에 붙여두시고요.
> 불현듯 생각나거나 머리 식힐 때 다시 한 번 훑어보는 거죠.

완전히 체화했다는 생각이 들면 파일에 넣어 보관하세요.

여기까지는 제가 했던 방법인데, 똑같이 하지 않으셔도 되니 홍 대리님만의 독특한 방법을 추가해보시면 더욱 좋습니다!

이렇게 정성스러운 문자를 보고 나니, 홍 대리는 감동하지 않을 수 없었다. 이런 스승에게 배우고 있으니 게으름을 피울 수는 없는 노릇이었다. 홍 대리는 신이 나서 문 소장이 알려준 팁을 바로 실행에 옮겼다. 잘 안 되는 문장들을 A4 용지에 정리한 뒤 휴대폰 사진으로 찍어두었다.

'공부의 엑기스를 이 한 장 한 장에 담아보자!'

홍 대리는 시간이 지날수록 원 페이지를 만드는 재미에 빠졌다. 열심히 정리해서 외운 뒤 벽에 붙여놓고 시간이 날 때마다 다시 외웠다. 다 외운 것은 ×, 덜 외워진 것은 △, 죽어도 안 외워지는 것은 ○ 표시를 했다. 다 외운 것에 엑스 표시를 한 이유는 다시 안 보기 위해서였다. 반대로 안 외워지는 것에는 눈에 띄게끔 동그라미 표시를 해서 나중에 다시 들여다보았다. 한 번 더 보고 싶은 것들은 형광펜으로 밑줄을 그었다.

완벽하게 알았다고 생각이 들면 파일함에 끼워 넣었다. A4 용지가 한 장 두 장 늘어날 때마다, 파일이 하나둘 쌓일 때마다 열심히 해냈다는 만족감으로 충만해졌다. 정리를 할수록 요령이 생기고, 아이디어도 샘솟았다. 공부의 효율도 높아져서 처음 시작했을 때보다 적은 시간을 투입하고도 하루 분량을 소화할 수 있었다.

한 번 했을 때 동그라미 표시였던 것이 세모로 바뀌고, 두 번째 공부할 때는 엑스 표로 바뀌었다. 세 번, 네 번 거듭될수록 A4 용지가 붉은색 엑스 표시로 가득해졌다. 엑스 표로 가득 찬 A4 용지를 볼 때마다 성취감이 차올랐다. 이때만큼은 세상 부러울 것이 없는 홍 대리였다.

원 페이지 학습의 다용도 활용법

학창 시절에 우리를 괴롭혔던 시험 기간을 떠올려볼까요? 미리미리 시험 준비를 하지 않았을 때에는 급하게 공부할 양이 너무 많아서 지레 포기하거나 책을 덮어버리곤 했죠. 반면 매일 꾸준히 공부했다면 자신이 몰랐고 이해가 안 되었던 문제만 골라서 복습하면 되니까 시간도 절약되고 기억에도 오래 남는 일석이조의 효과를 누릴 수 있었을 것입니다.

홍 대리가 실행한 '원 페이지 학습법'은 매일, 매주, 매달 공부한 내용을 한 페이지로 압축한 것을 말합니다. 외운 단어와 동사구(동사+명사), 패턴 문장 중에서 확실하게 외운 내용은 삭제하고, 아직까지 입과 귀에 맴도는 것들은 A4 용지에 적어 다시 복습할 수 있으니까 공부 시간을 절약하는 데에 안성맞춤이죠.

자, 그럼 원 페이지를 어떤 식으로 작성하면 되는지 예를 살펴볼까요? 앞서 배웠던 「쌈, 마이웨이」의 대사를 활용해볼게요!

읽은 횟수	NO.	통문장 암기	
正下	1	까짓것, 지면 어때?	算了，输了又能怎么样？
正下	2	나 김탁수 이기려고 이거 하는 거 아니잖아.	我做这个并不是为了赢金卓洙。
正正	3	가슴 터지게 하고 싶던 거 드디어 하는 건데.	总算做得了心潮澎湃的事儿。
正	4	그냥 날면 되잖아.	随便飞就行。
正一	5	야, 니가 있는 데가 너한테 메이저 아나?	喂，你在的地方不就是你的主调吗？
正	6	니가 좋은 데가 너한테 메이저 아니냐고?	你喜欢的地方不正是你的主调吗？

읽은 횟수	NO.	단어		읽은 횟수	NO.	단어	
一	1	됐다	算了	一	16	할 수 있다	做得了
正下	2	지다	输	正正	17	가슴이 잔뜩 부풀어 오르다	心潮澎湃
一	3	~했다	了		18	~한	的
一	4	또, 다시	又	一	19	일	事儿
	5	~일 수 있다	能	正一	20	그냥 편한 대로	随便
下	6	어떠하다	怎么样		21	날다	飞
一	7	나	我	一	22	바로	就
	8	하다	做		23	~해도 된다	行
	9	이것	这个		24	야, 여보세요	喂
	10	결코	并		25	너	你
一	11	~이 아니다	不		26	~에 있다	在
一	12	~이다	是		27	곳, 장소	地方
下	13	~을(를) 위해	为了		28	바로	就是
正正	14	이기다	赢	下	29	메이저, 주류	主调
正	15	드디어, 마침내	总算	一	30	~이니?	吗

14

나만의 체계를 만드는 실전 학습 다이어리

중국어 정복의 살아 있는 역사를 보다

중국 출장 일정이 한 달 앞으로 훌쩍 다가왔다. 그만큼 홍 대리의 중국어 실력도 부쩍 좋아지고 있었다. 아주 간단한 일상 회화 정도는 할 수 있겠다는 자신감이 생겼다. 물론 아직까지 자유롭게 의사소통을 할 정도는 아니었다. 그래도 중국어라고는 "니 하오!"가 전부였던 예전에 비하면 놀라운 발전이었다.

홍 대리는 출장 준비를 하면서 업무와 관련된 전문 용어를 따로 정리해 외우는 특별 훈련에 돌입했다. 그러나 초조한 마음은 쉽게 사그라들지 않았다. 조금 더 빨리 중국어를 잘하고 싶은 조급함마저 들었다. 그런 홍 대리의 마음을 읽었는지 문 소장은 특단의 조치를 내려주었다.

"중국어 학습 다이어리를 써보기로 해요. 매일 구체적인 학습 계획을 세우고 실천하는 데 도움이 된답니다. 지금도 계획적으로 공부하고 계시겠지만, 다이어리를 쓰면 좀 더 타이트하게 공부할 수 있어요. 매일 공부한 양과 내용을 눈으로 확인할 수 있어서 동기부여도 될 테고요."

"중국어 실력을 높일 수 있는 거라면 지푸라기라도 잡고 싶은 심정입니다. 뭐든 열심히 해야죠."

미리 다이어리 한 권을 준비해오라는 말을 들었기에 홍 대리는 오늘 공부의 주제를 어느 정도 예상하고 있었다. 준비해 간 다이어리를 꺼내놓고 보니 왠지 부끄러웠다. 새해 초, 작년보다 알찬 해를 보내겠다고 다짐하며 샀던 다이어리인데 고작 1월에 몇 자 적고는 그대로 서랍 속에 처박아두었던 것이다.

문 소장이 가르쳐준 중국어 학습 다이어리의 포인트는 다음 네 가지로 정리할 수 있었다.

첫째, 하루 동안 공부해야 할 학습 목표와 양을 적는다.
둘째, 어제 외웠던 단어와 오늘 외운 단어를 적는다.
셋째, 그날 공부했던 내용 중 헷갈리거나 잘 안 외워지는 단어 또는 문장을 한 번 더 적는다.
넷째, 짬이 날 때마다 수시로 학습 다이어리를 본다.

"처음엔 다이어리에 적는 것도 귀찮고 이렇게 하는 게 효과가 있을까 생각할 수도 있어요. 그러나 매일 하다 보면 공부해야 할 목표를 잊지 않게 되고, 부족한 부분이 어느 부분인지도 잘 알 수 있답니다. 그리고 '이 부분은 이렇게 공부하면 효과적일 것 같다'라는 아이디어가 떠오르기도 하고요. 이건 제가 썼던 학습 다이어리인데, 참고삼아 한번 보세요."

홍 대리는 문 소장이 내미는 다이어리를 펼쳐 보면서 자신의 눈을 의심했다. 중국어라는 산을 넘기 위해 한 사람이 얼마만큼의 노력을 해왔는지, 그 노력의 역사가 고스란히 담겨 있었다. 그야말로 '고군분투'의 역사였다. 문 소장이 걸어온 길을 보니 존경스러울 정도였다.

'장난이 아니구나……'

홍 대리는 자세를 바로 했다. 잠깐 훑어보는 것만으로도 문 소장의 다이어리는 홍 대리의 생각을 바꾸기에 충분했다. 중국어 학습 다이어리는 단순한 기록이 아니었다. 네 가지 포인트는 비단 중국어 공부에만 해당되는 것이 아니라, 업무에 적용하고 활용해도 좋을 만큼 긴요해 보였다. 잠시 눈을 감았다 떴다. 새로운 마음으로 다이어리를 펼쳤다.

"하루 혹은 일주일 동안의 생활 패턴을 생각하며 기록하는 것이기 때문에 학습 다이어리를 쓰는 게 마냥 쉽지만은 않을 거예요. 바쁜 일과를 쪼개어 공부할 수 있는 시간과 자신이 할 수 있는 학습량을 정해야 하니까요. 시간 활용과 중국어 학습 능력에 대한 정확한 진단이 나와야 가능한 일이기도 하고요. 그래서 지금까지는 권해드리지 않았는데, 이젠 시작해도 충분하겠다는 생각이 들어요. 우선 어제 학습한 내용부터 정리해볼까요?"

홍 대리는 어제 외운 문장을 소리 내어 말했다. 생각이 잘 나지 않는 부분도 있었는데, 문 소장은 바로 그 부분을 기록하고 왜 잘 외워지지 않는지, 방해 요소는 무엇이었는지 따져보라고 일러주었다.

차분하게 생각하며 하나씩 기록해나가기 시작하자 자연스럽게 시간 활용이나 공부 방법, 동기에 대한 고민이 정리됐다. 다이어리를 꾸준히 쓰면 효율적으로 공부할 수 있는 방안을 연구하는 데 정말 유용할 것 같았다.

공부 습관이 바뀌면 인생도 바뀐다

홍 대리는 당장 다음 날부터 다이어리에 오늘의 학습 계획을 적는 것으로 하루를 시작했다. 추상적인 생각도 글로 적으니 구체화됐다. 생각으로 끝내거나 말만 할 때보다 의지도 더 강해졌고, 실천으로 옮기는 힘도 더 커지는 기분이 들었다.

어느새 출장이 코앞으로 다가와 있었다. 자사 브랜드의 특징, 현재 한국에서의 판매 상황, 생산 규모 등의 분석 자료와 몇 가지 샘플도 꼼꼼히 준비했다. 비록 이번 출장에서의 키맨은 박 팀장이었지만, 홍 대리 자신도 프레젠테이션의 일부를 맡았기 때문에 중국어로 잘 전달할 수 있도록 반복해서 연습했다.

시간을 쪼개어 중국의 비즈니스 문화에 대해서도 알아보았다. 우리나라와는 다른 문화 때문에 중국과 비즈니스를 하면서 어려움을 겪었다는 사례도 유심히 살폈다. 식사 예절이나 '꽌시关系', 체면 문화 등 언뜻 이해가 잘 안 가는 부분도 있었다. 중국 사람들은 체면을 얼마나 중시하는지, 죽어서 체면을 유지하기 위해 살아서 고생을 한다는 말까지 있을 정도였다. '꽌시'를 중시한다는데 특별한 선물을 준비해야 하는 건 아닌지 고민도 됐다. 식사 예절을 외우는 것도 꽤 어려운 일이었다.

'이 문제는 팀장님과 의논하면 되겠지. 일단 중국어 실력을 키우는 데에 집중하자!'

홍 대리는 적당히 긴장감을 품으면서 가능한 한 중국어를 많이 사용할 수 있도록 생활 패턴을 맞추었다.

우선 아침에 일어나자마자 전날 외웠던 것들을 암송했다. 샤워할 때에는 중국 최신 가요를 들었다. 유창하게 말하기에는 부족한 시간이었지만, 최대한 중국어 실력을 키울 수 있게끔 반복해서 연습했다. 점심시간에도 샌드위치를 사서 옥상 정원에 올라가 먹으며 소리 내어 중국어를 복습했다. 1분 1초도 아까웠다. 시간을 알뜰하게 쓰는 일이 점차 습관으로 굳어졌다. 시간이 나면 휴대폰으로 게임을 하거나 인터넷 검색을 하던 예전의 모습은 찾아볼 수 없었다.

중국어 공부를 하면서부터 홍 대리는 자신의 내면 어딘가가 달라지고 있음을 스스로 느끼고 있었다.

'습관이 바뀌면 인생이 바뀐다고 하던데.'

중국 출장일이 점점 다가오고 있었다. 이번 출장에서는 중요한 일을 해낼 것이라고 믿으며 매일 밤 홍 대리는 힘차게 외쳤다.

"멍시앙청쪈梦想成真(꿈은 이루어진다)!"

문정아와 함께하는 親見 중국어

작은 습관이 만드는 큰 차이

　다른 공부도 마찬가지겠지만 중국어를 공부할 때도 지나치게 열의에 불타오른 나머지 실행 불가능한 목표를 세우는 사람들이 많습니다. '하루에 단어 100개·문장 10개 외우기, 3시간 듣기' 등의 거창한 목표를 세우고 뿌듯함을 느끼는 것이죠. 뜨거운 열정에는 박수를 보내드립니다만, 이렇게 큰 목표를 세우면 장기적으로 지속할 수 없다는 점도 일러드리고 싶습니다. 음식이 맛있다고 많이 먹으면 체하게 되고 다시는 쳐다보기 싫어지는 것처럼, 중국어에도 질려버리는 결과를 가져올 수 있거든요. 그래서 제가 학생들에게 매번 하는 이야기가 있습니다.

　"목표의 크기에 연연해하지 마세요. 작은 목표라도 매일 지키는 게 중요합니다. 구체적이고 실행 가능한 공부 계획을 세우세요."

　그 말을 한 뒤 학생들의 노트 첫 페이지에 자신의 최종 목표와, 그 목표를 이루기 위해 어떻게 공부해야 하는지 하루 단위의 계획을 적게 합니다. '단어 100개·문장 10개 외우기, 3시간 듣기' 대신에 '중국 노래로 모닝콜 설정하기' '출근길에 중국 라디오 듣기' '점심식사 후 커피 타임에 중국어 강좌 하나 보기' 등 일상에서 실천할 수 있는 작은 습관을 적어보는 거죠. 한 학생의 계획표를 살펴보면서 어떤 식으로 계획을 세우면 좋을지 알아볼까요?

아침 기상 후 7:30~8:00
중국 최신 노래 들으며 일어나기 (식사 · 샤워 · 화장하면서 노래 따라 부르기)
출근하면서 8:00~8:30
더빙판 드라마 한 편 보기 (꼭 기억하고 싶은 표현 서너 가지는 휴대폰 메모장에 정리하기)
점심식사 후 12:30~13:00
짧은 중국어 강의 한 편 듣고 암기하기
퇴근하면서 6:30~7:00
점심시간에 본 강의 다시 보면서 복습하기
잠들기 전 10:30~11:30
휴대폰 메모장에 정리한 내용 외우기

어떤가요? 거창한 계획은 아니라도 중국어 실력이 쑥쑥 늘 것 같지 않나요? 작은 성공의 경험이 더 큰 성공을 이끈다는 사실을 명심하세요. 그럼, 이번에는 학습 다이어리를 어떻게 써야 하는지 살펴볼까요?

•학습 다이어리, 이렇게 써보세요! •

> "나는 날마다 모든 면에서 점점 더 좋아지고 있다."
>
> … 어제의 나하고만 비교하기!

〈오늘의 목표〉 _____ 년 ____ 월 ____ 일

1. 어제 외웠던 단어 10개 복습하기
2. 오늘의 새 단어 10개 반복하여 읽고 녹음하고 암기하기
3. 잘 안 외워지는 단어는 따로 메모하기
4. 오늘의 새 단어 써보기

어제 외운 단어		오늘 외운 단어	
欢迎光临!	어서오세요!	快	빨리
菜单	메뉴판	起床	일어나다
推荐	추천하다	坐	타다
点菜	주문하다	地铁	지하철
三明治	샌드위치	上班	출근하다
可乐	콜라	糟糕	아뿔싸
好吃	맛있다	迟到	지각하다

饱	배부르다	加班	야근하다
餐巾纸	냅킨	下班	퇴근하다
买单	계산하다	睡觉	잠을 자다

잘 안 외워지는 단어
糟糕 아뿔싸
加班 야근하다

★ 쓰기 연습

起床	起床		

★ 시간 관리 작성 예시

<나의 목표> _____년 ____월 ____일

6개월 안에 중국어 유창하게 말하기!

목표 시간	실제 소요된 시간	공부 내용	집중도	느낀 점
AM 9:00 ~ 9:30	AM 9:05 ~ 9:45	P26~34 교재 안에 있는 내용 중 단어 및 문장 녹음하고, 듣고 보며 따라 하기(3회) / 듣기만 하며 따라 하기(3회)	상	역시 듣기 공부는 오전에 하는 것이 집중도 잘되고 재미있다. 녹음할 때도 목소리가 더 잘 나오는 것 같다.
AM 9:50 ~ 11:00	AM 9:50 ~ 10:50	P69~75 긴 지문 눈으로 읽기(3회) / 소리 내서 읽기(3회)	중	아침에 비해서 산만해진 것 같다. 하지만 예상 시간보다 학습 범위를 일찍 마쳐서 기분은 상쾌하다.
PM 2:00 ~ 3:00	PM 2:00 ~ 2:40	5강 동영상 반복해서 보고 무작정 따라 하기(2회)	상	졸린 시간대에는 역시 따라 하기가 최고다! 게다가 쓰지 않고 그냥 따라만 하니까 시간이 많이 단축되어서 좋다.
PM 3:30 ~ 4:30	PM 3:30 ~ 4:40	독해 본문 소리 내어 읽기(2회) / 눈으로 읽기(2회) / 새로운 단어 따라 써보기(3회)	중하	눈으로만 읽을 때는 잡념이 떠올라서 집중이 잘 안 됐다. 산책을 하면서 마음을 좀 다스려야겠다. 소리 내서 읽기를 먼저 한 다음에 눈으로 읽는 연습을 해도 좋을 것 같다. 마지막으로 새 단어는 3회씩 써봐야겠다.

PM 5:00 ~ 5:30	PM 5:00 ~ 5:28	오늘 공부한 내용 원 페이지로 요약 및 정리하기	중상	이제는 요약도 잘할 수 있어서 좋다. 공부하는 시간이 점점 단축되며 자신감이 생긴다. 요약 내용을 녹음한 후 확실하게 내 것으로 만들어야겠다.

학습 후 느낀 점

처음에는 수첩에 적는 것도 귀찮고 내가 하는 방법이 맞는지 의문이 들었는데, 매일 하다 보니 요령이 생기고 아이디어도 생각나서 효과적이다. 게다가 다이어리에 적은 내용들을 보면서 내가 어떻게 공부했는지, 무슨 공부를 했는지 한눈에 알 수 있어서 성취감까지 느껴진다.

현장에서 배우고, 가르치면서 깨우쳐라

'하면 된다'는 용기로 도전하기

비행기는 정시에 이륙했다. 홍 대리는 박 팀장과 나란히 앉아서 중국어에 대한 이야기를 늘어놓았다. 한국에 있을 때는 자신감이 '만렙'이었지만 비행기가 활주로 위를 날아오르자마자 혹시라도 실수를 하면 어쩌나 하는 걱정이 앞섰다.

"잘 못 알아듣겠으면 그냥 웃어."

"웃으면 다 돼요? 웃을 일이 아니면 어떻게 해요."

"그렇다고 웃는 얼굴에 침 뱉겠어? 만국 공통어가 뭐겠어. 웃음이라고, 웃음."

"그렇긴 하지만 마냥 웃다가 바보 취급당하면요?"

"하하하. 그럴 일은 없어. 내가 있잖아."

역시 든든한 상사였다. 다음 말을 듣기 전까지는 말이다.

"우리 딸이 말이야, 아빠 출장 간다고 하니까 '빠빠, 빠빠' 하면서 웃더라고. 흑흑, 며칠 동안 못 보는 것도 모르고 말이야. 그런데 그 웃는 얼굴이 얼마나 예뻤는지 아나? 눈에 넣어도 안 아프다는 건 바로 우리 딸을 두고 하는 말이야. 그러니 홍 대리도 웃어. 우리 딸만큼은 안 예쁘지만 웃는데 뭐라고 하겠어. 아, 무려 3일이나 못 보다니. 3일이 3년 같아. 홍 대리, 우리 딸이 말이야…… 내가 이런 얘긴 안 하려고 했는데……."

박 팀장이 갑자기 소리를 죽였다. 홍 대리는 무슨 비밀 이야기를 하려고 그러나 궁금해서 몸을 박 팀장 쪽으로 기울였다. 박 팀장도 홍 대리 쪽으로 몸을 기울이더니 귓가에 대고 아주 작은 목소리로 속삭였다. 마치 누가 들으면 큰일이라도 날 것 같았다.

"사실은 우리 딸이…… 아무래도 천재 같아."

박 팀장의 딸 이야기는 '세상에 이런 천재 없습니다'라는 주제로 공항에 도착하기까지 계속되었다. 기내식이 무슨 맛인지도 모를 정도였다. 비행기가 중국에 도착한 게 반갑기까지 했다.

공항에는 현지 직원이 마중 나와 있었다. 인사말이나 날씨 이야기 등 일상적인 대화를 주고받았다. 이제 이 정도는 홍 대리도 중국어로 말할 수 있었다. 홍 대리가 자연스럽게 중국어를 할 때마다 박 팀장이 격려의 미소를 보냈다. 그러나 사실은 딱 거기까지였다.

기본적인 일상 회화는 큰 무리 없이 했다고는 하지만, 유창한 중국어를 구사하는 박 팀장 옆에서는 여전히 초라하기 그지없었다. 프레젠테이션의 주된 발표는 홍 대리가 맡았지만, 그건 무수히 외운 것을 토대로 한 것이었기 때문에 솔직히 중국어 실력을 유창하게 뽐냈다고 말할 수는 없었다. 하이라이트라고 할 수 있는 질의응답 시간은 박 팀장의 역할이 컸다.

바이어들은 프레젠테이션 내내 긍정적인 태도를 보였다. 계약을 하기 전에 확인 차 다음 달에 한국에서 열리는 패션 박람회에 참가 하겠다는 약속을 했다. 현장에서 비즈니스 미팅이 이뤄지는 만큼 다 양한 부스를 돌아보고 최종 결정을 하겠다는 속내로 보였다.

마지막 공식 일정까지 끝내고 나자 무사히 일을 마쳤다는 만족감 과 좀 더 분발하고 싶다는 아쉬움이 교차했다. 다행스러운 점은 그 들이 질문한 것들에 대해서는 어느 정도 알아들을 수 있었다는 사 실이었다. 비록 대답은 박 팀장이 했지만 듣기 실력이 향상된 것만 은 틀림없었다.

귀국하기 전날 바이어들과 저녁식사를 하러 갔다. 자연스럽게 대 화가 진행되었다. 홍 대리는 미리 공부하고 연습한 대로 지난번 중 국 출장을 왔을 때의 경험과 느낀 것에 대해 이야기를 꺼냈다. 중국 젊은이들의 패션 감각이 뛰어나다는 점에 대해 감탄한 이야기도 전 했다. 중국에 진출한 한국 브랜드들을 언급하면서 중국 시장의 개방 성을 칭찬하는 말도 덧붙였다.

미리 준비해간 말들이긴 했지만 홍 대리는 어색하지 않게, 자연 스럽게 해냈다는 점에 만족했다. 술잔이 돌아가고 분위기도 무르익었다. 홍 대리는 술잔을 받고 미리 연습해두었던 손가락 인사법으로 감사 표현도 했다. 오른쪽 검지와 중지로 식탁을 두드리는 방식이었다. 홍 대리의 인사법에 바이어들은 반색을 하며 어떻게 그런 것까지 준비해왔느냐며 즐거워했다. 박 팀장도 호탕하게 웃으며 엄지를 들어 보였다.

대화에 신경 쓰느라 음식을 제대로 먹지 못했지만, 홍 대리는 최대한 그들의 분위기에 맞춰 식사 자리를 즐겼다. 중국 사람들은 식사 자리에서 일 얘기를 꺼내는 것을 좋아하지 않는다고 했다. 그래서 오히려 편안하게 말할 수 있었다. 비록 제대로 알아듣지 못하는 말도 많았지만, 너무 완벽을 추구하지 않으려고 애썼다. 그럴 때는 박 팀장의 눈치를 보면서 분위기를 살피고 센스 있게 지나갔다. 평소의 긍정적인 마인드를 최대한 보여주며 분위기를 흥겹게 만들기도 했다.

누군가 상하이에서 먹었던 음식에 대해 이야기를 꺼내며 화제를 전환했다. 간장으로 양념한 돼지고기 수육인 '훙샤오로우红烧肉'의 달콤하고 짭짤한 맛을 잊을 수 없었다든가, '빠바오야八宝鸭'라는 오리고기 유명 맛집에 예약을 하지 않고 갔다가 줄이 너무 길어서 그만 포기하고 돌아온 적이 있다는 이야기도 나왔다. 재미있는 건 그 맛집에 줄을 서 있던 사람 중 절반 이상이 한국인 관광객이었다는 말이었다. 홍 대리는 용케 그 말을 알아듣고는 기회를 놓치지 않고 용기를 내어 한마디 더했다.

"시앙쇼우 메이슬 더 한궈런 터비에 뚜어享受美食的韩国人特别多(식도락을 즐기는 한국 사람들이 참 많습니다)."

"오, 쩐더 마? 씨아츠 라이 쭝궈, 칭 닌 츨 터 하오츨 더 카오야哦, 真的吗? 下次来中国, 请您吃特好吃的烤鸭(아, 그런가요? 다음에 중국에 오시면, 정말 맛있는 오리고기를 대접하지요)."

"씨아츠 라이 한궈, 칭 닌 츨 터 하오츨 더 카오 니우로우下次来韩国, 请您吃特好吃的烤牛肉(저야말로 한국에 오시면, 정말 맛있는 불고기를 대접해드리겠습니다)."

한바탕 호쾌한 웃음이 터져나왔다. 저녁식사 자리에서 홍 대리가 즉석으로 바이어들과 나눈 대화 중 가장 자연스러운 대화였다. 길지 않은 대화였지만, 홍 대리는 이야기를 주고받았다는 사실이 감격스럽고 뿌듯했다.

식사 자리가 끝날 무렵, 홍 대리는 박 팀장과 의논해 준비한 복분자주를 바이어들에게 건넸다. 붉은 병에 담긴 붉은색 복분자주는 피로 회복에도 좋고 맛도 일품이라는 설명도 덧붙였다. 바이어들이 연신 감사하다는 인사로 선물을 받았다.

무사히 일정을 마치고 인천공항에 도착하자 홍 대리는 그제서야 긴장이 풀렸다. 박 팀장이 홍 대리의 등을 힘껏 쳤다.

"정말 수고 많았어. 이번에 홍 대리 활약에 깜짝 놀랐는걸."

"아이고, 제가 무슨 말을 했는지도 모르겠어요. 겨우 입만 떼고 온 걸요."

"겨우라니! 그 짧은 시간에 중국어를 그 정도로 하다니, 아주 훌륭해. 다음 달에 열릴 패션 박람회 때 중국 바이어들이 방문할 거야. 그때 더 큰일을 맡길 테니까 각오 단단히 하라고!"

"네, 물론입니다!"

배움을 멈추면 안 되는 이유

이번 중국 출장은 보람도 컸지만 아쉬움도 있었다. 막상 실전 경험을 하고 나자 더 큰 갈증에 빠진 것 같았다. 본격적으로 중국어 공부에 더욱 박차를 가하고 싶은 마음이 솟구쳤다. 다음 날, 홍 대리는 문 소장과 다시 만났다.

"출장은 잘 다녀오셨어요?"

"네, 덕분에 무사히 다녀왔습니다."

홍 대리는 중국에서 사온 선물을 건넸다. 중국차와 다기 세트였다. 감사의 마음을 표현하고 싶었기에 여러 군데를 돌아다니며 좋은 것으로 골랐다. 문 소장은 부담스러워 하면서도 홍 대리의 진심을 알기에 고맙게 받았다.

홍 대리는 중국 출장에서 있었던 일을 상세하게 이야기했다.

"뭔가 뿌듯하기도 하고, 아쉽기도 하고. 되게 복잡해요."

"잘하신 것 같은데요? 홍 대리님의 이야기를 들을 때 중국 바이어들의 태도는 어땠나요?"

"잘 경청하는 것 같았어요. 제가 더듬거리면서 말을 했지만 이해를 하는 것 같았거든요."

"그렇다면 이번 미팅은 성공하셨네요. 그분들은 홍 대리님의 중국어를 들으려는 게 아니라 홍 대리님이 가져간 콘텐츠를 듣는 게 목적이었을 테니까요. 중국어가 조금 서툴다 한들 홍 대리님이 제안한 내용이 좋았다면 크게 문제가 되지는 않을 거예요."

"아, 그렇군요. 어차피 전 외국인이니까요."

"네, 한국어를 굉장히 잘하는 외국인이 있어도 그들의 발음이 우리처럼 완벽하진 않죠. 홍 대리님의 말을 경청했다는 것만으로도 다 알아들었다는 뜻이에요."

반쯤 꺾였던 기가 그제야 되살아났다.

"중요한 것은 내가 얼마나 유창하게 말하느냐가 아니라 상대방에게 얼마나 잘 전달했느냐에 있어요. 내가 아무리 말을 잘해도 그 말을 듣고 있는 상대방을 고려하지 않으면 아무런 소용이 없죠. 결국 언어는 소통이니까요. 홍 대리님은 중국어로 중국인과 훌륭하게 소통하고 오신 거예요. 축하드립니다."

문 소장의 따뜻한 말에 그동안의 피로가 다 녹는 것 같았다.

"감사합니다. 그렇게 말씀해주시니 힘이 나네요."

"네, 대화의 목적은 소통이고 소통의 본질은 존중이라는 점이 언제나 중요하다고 생각해요. '나는 당신을 존중합니다. 기꺼이 당신의 이야기를 듣겠습니다. 그러니 저의 이야기를 들어주십시오' 이런 마음가짐이요. 개인적인 만남이든 비즈니스 미팅이든 '내가 할 말을 한다'는 것보다 더 중요한 것은 '상대와 함께 대화를 한다'는 것이잖아요. 상대를 고려하지 않는 대화는 혼잣말에 불과할 뿐이죠."

홍 대리는 불현듯 프레젠테이션을 하던 자신의 모습을 떠올렸다. 할 말을 하는 데에만 급급해 있던 그때 머릿속은 온통 '지금 맞게 말하고 있나? 다음에 할 말이 뭐지?' 하는 생각으로 가득 차 있었다. 반면에 질의에 답하던 박 팀장의 태도는 달랐다. 바이어들이 어떤 질문을 하든 정중하게 듣고 난 뒤, 늘 '맞습니다' '좋은 질문입니다' '저희도 같은 생각을 하고 있습니다'라며 상대의 의견을 긍정하는 말로 대답했다.

"좋은 말씀해주셔서 감사합니다. 중국어를 잘하는 것에만 온통 신경을 쓰고 있었는데 중요한 것 한 가지를 놓치고 있던 건 아닌지 반성하게 되네요. 상대를 존중하는 것에서부터 소통이 시작된다는 말씀 꼭 기억하겠습니다."

문 소장이 빙긋 웃으며 대답했다.

"앞으로 중국어를 쓸 기회가 점점 더 많아질 거예요. 홍 대리님의 실력도 시간이 지나면 일취월장하겠지요. 동시에 아는 것보다 모르는 게 더 많다는 것도 깨닫게 될 거예요. 그 순간 중국어를 포기하고 싶어질지도 몰라요. 하지만 그때 우리가 배워야 할 것은 포기가 아니라 '겸손'이랍니다. 홍 대리님이 포기하지만 않는다면 중국어 실력은 당연히 늘 거예요. '위에 쉬에시, 위에 퐈씨엔 쯔지 더 우즐越学习, 越发现自己的无知(배울수록 자신이 아는 게 없음을 알게 된다)', 이것이 우리가 계속 공부를 해야 하는 이유죠."

중국어를 완벽하게 하지 못했다는 자책에서 벗어나니 그동안 보지 못하던 것들이 보였다. 정말 열심히 했다고 자부했지만, 중국어를 위해 자신이 쏟아부은 시간은 냉정하게 말해 능숙해질 만큼 많지는 않다. 중요한 것은 공부를 놓지 않고 겸손한 마음으로 꾸준히 하는 것이었다. 생각에 잠겨 있는 홍 대리에게 문 소장이 부드럽게 말했다.

"중국인과 그렇게 길게 대화했던 건 처음이었죠? 게다가 중요한 일을 처리하느라 긴장감도 높았을 테고요. 그런데도 훌륭하게 해내셨네요."

애정이 듬뿍 담긴 목소리에 홍 대리도 함박웃음을 지을 수밖에 없었다. 문 소장은 새로운 제안을 했다.

"이번 경험으로 당연히 중국어 공부에 더 목이 마르실 거예요. 본격적으로 깊이 있게 공부하고 싶다는 생각도 들 테고요. 고급 실력으로 확실하게 키울 수 있는 특단의 비법이 있는데…… 한번 도전해보시겠어요?"

"그야 당연하죠!"

고급 실력으로 도약하는 가장 진실한 방법

"다른 사람에게 홍 대리님이 직접 중국어를 가르쳐보세요."

"네? 가르친다고요? 제가요?"

비법이라는 말에 무조건 한다고 했지만 이건 또 다른 이야기였다. 공부와 관련해서 생전 누구를 가르쳐본 적이 한 번도 없었기 때문이었다.

"혹시 다른 사람에게 무언가를 가르쳐준 경험 없으세요? 무엇이든 좋아요."

"음…… 고등학교 때 친구한테 쌍절곤 휘두르는 걸 알려준 적은 있어요."

홍 대리는 친구 성민에게 쌍절곤을 가르쳐주었던 일을 떠올렸다. 처음에는 이렇게 해라, 저렇게 해라, 열심히 이야기를 해줘도 잘 못 알아들었다. 얼마나 반복해서 알려줬는지 모른다. 잡는 법에서부터 팔의 각도, 손목의 힘 등 시범을 보이고 각도도 잡아주면서 말이다.

'쌍절곤도 아니고 공부를 가르친다니, 그것도 중국어를? 내가?'

아무리 생각해도 '미션 임파서블'이었다.

"해보지 않으면 소질이 있는지 없는지 알 수 없어요. 일단 시도를 해보는 게 중요하죠."

"그래도 제가 누구를 가르친다는 게 말이 안……."

"너무 어렵게 생각하지 마세요. 가족도 좋고 친구도 좋아요. 머릿속으로 미리 시뮬레이션을 해보세요. 연상 작용은 상상력을 발휘시키기 때문에 두뇌가 활성화되거든요. 소리도 내고 동작까지 연습해보시고요. 상대방이 이해할 수 있도록 어떻게 가르쳐야 하나 궁리하다 보면, 스스로도 더 정확하게 알게 돼요. 공부하는 양이 압도적으로 늘 수밖에 없고요."

문 소장이 이렇게까지 말하는데 더 이상 못한다고 버틸 수도 없었다. 일단 알겠노라고 대답을 하고 집으로 돌아왔다.

'일단 한번 해보자! 혹시 아나, 내가 소장님처럼 가르치는 데 엄청난 소질이 있는지!'

솔직히 그런 소질이 있을 것 같지는 않았다. 그래도 한번 해보자고 생각하니 긍정적인 마음이 들기도 했다. 문제는 누구를 가르칠 것인가 하는 점이었다. 이럴 때 동생이라도 있으면 좋으련만, 어렸을 때 동생 낳아달라고 더 강력하게 떼를 쓸 걸 그랬다며 후회를 해도 이미 늦은 일이었다.

'엄마는 하나만 더 낳지. 그렇게 동생 낳아달라고 했는데.'

투덜거리던 홍 대리의 입이 갑자기 쑥 들어가는가 싶더니 입꼬리가 위로 올라갔다. 누구를 가르치면 좋을지 대상을 찾은 듯 눈까지 반짝 빛났다. 홍 대리는 유난히 맑은 목청으로 그 사람을 불렀다.

"엄마! 어머니! 김 여사~ 김 여사님!"

아무리 불러도 대답이 없었다. 한참 후에 김 여사는 홍 대리가 출장 선물로 사온 립스틱을 바르고 동네 미용실에 다녀왔다면서 '뉴

헤어스타일'로 돌아왔다. 중국에 다녀온 아들이 인천공항 면세점에서 사온 선물이라며 자랑하러 나간 게 틀림없었다. 갓 끓인 라면처럼 한 올 한 올 생생하게 살아 있는 파마머리를 한 채 김 여사는 아들의 중국어 공부를 위한 실험 대상이 되었다.

"내가 중국어를 배운다고? 너한테? 아이고, 궁금 쓰러!"

"농담은 그만하시고, 잘 들어보세요."

홍 대리는 저녁 준비를 해야 한다는 김 여사를 앉혀놓고 오늘은 자장면을 시켜 먹자며 공부에 열을 올렸다. 그러나 김 여사의 마음을 움직인 것은 자장면이 아닌 중국이었다.

"엄마도 중국 여행 가야지? 가서 멋지게 중국어 한마디 하면 얼마나 좋아요? 상상해봐요! 물건을 사다가 비싼 것 같으면 싸게 해달라고 한마디 하고, 또 식당에서 이거 너무 맵다고 한마디 하고…… 그럼 엄마 주변에 있던 사람들이 다들 엄청 놀랄 걸요?"

"오! 그거 좋다야. 그럼 선생님, 뭘 배우면 되나요?"

'됐다!'

홍 대리는 속으로 쾌재를 불렀다. 일단 하겠다고 마음먹으면 투지를 불태우는 김 여사였기에 잘 따라올 거라는 예감이 들었다.

"우리 가족이 놀러 갔어요. 휴게소에 들르면 어디부터 가요?"

"화장실이요."

"맞아요. 화장실이지요. 화장실은 '시쇼우지엔洗手间'이라고 해요. 화장실에 가다는 '샹 시쇼우지엔上洗手间'. 자, 따라해볼까요?

샹 시쇼우지엔."

"샹 시쇼우지엔."

아버지와 홍 대리에게 귀동냥으로 들은 효과가 있었는지 김 여사의 중국어 발음은 생각보다 훨씬 더 괜찮았다. 오히려 신이 난 것은 홍 대리였다.

"좋아요. 잘했어요. 다시 천천히 성조를 살려 의미 단위로 끊어서 발음해볼까요? 샹 시쇼우지엔."

"샹 시쇼우지엔!"

간단히 외울 수 있는 중국어를 가르치자 김 여사는 곧잘 따라 했다. 현지에 있는 듯한 흉내를 내기도 했다. 척 하면 착 알아들었기에 홍 대리도 가르치는 재미가 있었다. 한창 흥이 오른 중국어 공부는 자장면 배달을 알리는 초인종 소리에 잠시 중단되었다.

"어머, 자장면 왔다. 이건 선생님이 사는 건가요?"

"네네."

홍 대리는 어머니에게 중국어를 계속 가르칠 수 있다면 자장면이 아니라 뭐든 사줄 기세였다. 모자는 맛있게 자장면을 먹었다. 자장면을 먹은 뒤 어머니는 홍 대리가 중국에서 사온 차를 끓여왔다. 먹고 나서는 배를 잡으며 "샹 시쇼우지엔"을 연발해 홍 대리를 웃게 만들었다.

어머니에게 중국어를 가르치는 일은 주말에 시간을 따로 정해서 하기로 했다. 그동안 김 여사는 남편의 도움을 받아가며 부지런히 복습을 했다.

　어머니에게 중국어를 가르치기 시작한 이후로 홍 대리의 중국어 실력도 부쩍 늘었다. 우선 모호하게 알던 부분이 명확해졌다. 잘 모르는 것을 가르쳤다가는 시도 때도 없이 김 여사의 질문 공세에 시달렸기 때문에 준비를 완벽하게 할 수밖에 없었다. 주말이 올 때마다 홍 대리는 문 소장이 왜 굳이 남을 가르치는 일을 미션으로 주었는지 새록새록 되새길 수 있었다. 지금까지 배운 것 중에서 가장 강도 높은 공부법, 그러나 가장 진실되게 실력을 쌓아나가는 고효율 공부법의 해답은 바로 가르치는 데에 있었다.

가르치면서 성장하는 고강도 학습법

제3자에게 가르치는 학습법이 왜 효과적인지 다시 한 번 정리해볼까요? 첫째, 혼자 아는 것보다 누군가에게 가르친다고 생각하면 대충 넘어갈 것도 더 정확하게 전달해야 하기 때문에 더 많이 생각하고 연구하며 제대로 알려고 노력하게 되죠. 둘째, 가르치는 시뮬레이션을 하면 상상력이 발휘되기 때문에 두뇌가 더욱 활성화됩니다. 셋째, 직접 자신의 목소리로 설명하고, 필요한 경우 제스처도 취하게 되니 여러 가지 감각이 자극될 수 있어요. 넷째, 상호 작용으로 인해 그때의 상황이 기억나서 더 오래 기억할 수 있고, 가르치는 사람이 적극적으로 말을 하고 반복하게 되므로 더 오래 기억하게 돼요.

왜 가르치면서 공부하는 게 빠른 성장의 비법인지 이제 잘 아시겠죠? 물론 그만큼 고강도의 노력이 필요합니다. 그러나 가르침의 재미라는 것도 있거든요. 온몸을 동원해서 가르치다 보면, 처음에는 영 어색하고 부끄러워도 뿌듯한 기운이 쫙 퍼지거든요. 아이들에게 말을 가르쳐주는 장면을 한번 떠올려보세요. 더듬더듬 따라 하는 모습을 보면 신나지 않겠어요? 누군가에게 중국어를 가르치는 것도 똑같아요. 큰 목소리로, 천천히, 또박또박 리듬을 타면서요!

　실제로 저도 그렇게 했어요. 꼭 앞에 상대가 없더라도 가르치듯이 실감나게요. 다음은 제가 살짝 보여드리는 예시입니다.

> "여러분! '잉가이应该'라는 단어는 카멜레온처럼 변신을 해요. '잉가이'는 '마땅히~ 해야 한다' 또는 '~할 것이다'라는 뜻인데요. 이게 때로는 '그럴걸?', 이렇게 추측할 때도 쓴다는 것 아는 사람? 아무도 모르셨군요. 하하하, 괜찮아요, 배움은 그래서 필요한 거죠!"

　옆에 누군가 있었다면 '미친 사람 아닌가?' 하고 생각할 정도로 몰입해서 했습니다. 연기하는 것처럼 실감나게요. 그렇게 공부한 것들은 정말 기억에 오래 남았고, 훗날 강의를 할 때 기초가 되어주기도 했습니다. 실제로 눈, 코, 입, 손과 발 등 모든 기관을 다 동원해서 공부하면 그 어휘와 문장을 감각적으로 익히게 된다고 합니다. 그러니 망설이지 말고, 주저하지 말고 실감 나게 가르침을 펼쳐보시기 바랍니다!

파도 치는 바다가
살아 있는 바다입니다

중의학 공부는 제가 간절히 원했던 공부이기도 했지만, 막상 도전해 보니 내용이 엄청나게 방대했고 눈이 튀어나올 만큼 어려웠습니다. 날마다 책에 있는 내용을 암기하고 쉴 틈도 없이 공부했지만, 만족스러운 결과를 얻지 못했죠. 마음만 조급해졌습니다.

그렇게 혼자 아등바등 공부하던 날이었습니다. 제가 유학 생활을 했던 심양 지역은 겨울이 되면 영하 30도까지 기온이 떨어지는 몹시 추운 곳이었습니다. 날은 춥고 몸은 아프고 가족들은 보고 싶어 죽겠는데, 중국어 공부는 해도 해도 늘지 않았습니다. 갑자기 서럽더라고요. 눈물이 막 흘렀습니다. 오래 참아왔던 눈물보가 한꺼번에 터지자 쉽게 그쳐지지 않았습니다. 마침 기숙사로 놀러왔던 중국인 친구가 펑펑 우는 저를 보고 깜짝 놀랐죠. 안 좋은 일이 있어서 우는 줄 알고 이렇게 물었습니다.

"누가 널 업신여겼어? 내가 가서 한 대 때려줄게!"

"응? 뭐라고? 누가 날 어떻게 한다고?"

"아니, 누가 널 업신여기느냐고."

눈물 콧물 범벅이 된 와중에도 모르는 단어가 나오자 자동 반사처럼 사전을 뒤적였습니다. 그 모습을 본 친구가 진짜 못 말린다며 웃음을 터트렸고, 그제야 저도 눈물을 닦고 웃을 수 있었습니다. 지금도 누군가 제게 '시도 때도 없이 찾아왔던 고비를 어떻게 넘겼느냐?'라고 물으면, 저는 친구들과 스승님들 덕분이라고 말합니다. 그들이 없었다면 저는 중간에 배움을 포기했을지도 몰라요.

중국어를 배우는 것은 바다를 항해하는 일과 비슷합니다. 폭풍우가 몰려올 때도 있지만, 때론 눈부시게 멋진 풍경을 마주하기도 합니다. 매일 같은 모습인 것 같지만 사실은 시시각각 다른 모습이기도 하죠. 어제는 공부가 꽤 잘되는 것 같았는데 오늘은 영 아닌 것 같기도 합니다. '나 혹시 중국어 천재 아냐?' 하고 으쓱하게 되다가도 '아냐, 난 망했어. 왜 이렇게 못하니? 중국어 따위 이번 생에 도전할 게 아니었어!'라고 좌절하기도 합니다.

저는 힘들고 어려울 때마다 가만히 눈을 감고 바다를 떠올리곤 합니다. 바다엔 늘 파도가 치고 있죠. 만약 바다에 파도가 없다면 어떨까요? 그렇게 많고 많은 물이 움직이지 않고 그대로 고여 있다고 생각해 보세요! 그거야말로 정말 큰일이지 않겠어요? 바다는 살아 있기 때문에 늘 출렁입니다. 살아 있기 때문에 수많은 생물을 품고 키워내는 겁니다.

무언가를 배우면 필연적으로 성장하게 되고, 또 성장하는 과정에서 필연적으로 어려움을 겪게 되기 마련입니다. 쭉쭉 곧게만 뻗어나가는 '직진 성장'은 없다고 생각해요. 배움은 파도처럼 우리를 찾아옵니다. 오르락내리락하며 항상 우리의 마음을 뒤흔듭니다. 때로는 거대한 물결이 되어 덮칠 때도 있고, 잔잔한 물결이 되어 기분 좋게 만들어주기도 합니다. 그런 크고 작은 움직임들이 모여 우리를 앞으로 밀어주는 힘이 됩니다.

비단 중국어를 배우는 일뿐만 아니라 무언가를 새롭게 배우는 것은 인생을 살아가는 것과 똑같다는 생각이 듭니다. 생전 처음 겪는 경험을 통해 살면서 느낄 수 있는 온갖 감정을 다 느끼니까요. 기쁨, 성취감, 희열, 자신감부터 좌절, 분노, 짜증, 울화까지 감정의 모든 영역을 골고루 체험합니다. 때로는 연애와 비슷하다는 생각도 들어요. 잘되면 세상을 다 얻은 것 같은데, 뭔가 꼬이기 시작하면 마음이 그렇게 힘들고 어려울 수가 없으니까요.

잘하고 싶은데 잘 안 풀릴 때, 슬럼프도 바로 그럴 때 찾아오는 것 같아요. 저도 참 많이 겪었습니다. 생각만큼 중국어가 늘지 않을 때, 나만 빼고 세상 모든 사람들이 중국어를 잘하는 것 같은 기분이 들 때 스스로가 너무 초라해 보였습니다.

그런데 어떻게 좌절을 극복했냐고요? 이럴 때 제가 썼던 방법은 의외로 단순했습니다. 좋아하는 사람들을 만나고, 그들과 맛있는 음식을 먹고, 소소한 수다를 떠는 것. 어깨에 힘을 좀 빼고 부담을 내려놓은 채 있다 보면 기운이 다시 샘솟았습니다. 참 이상한 일이죠? 몸에 힘을 빼고 난 후에야 비로소 힘을 되찾았으니까요.

슬럼프를 겪는다는 건 자신이 못나서가 아닙니다. 잘하고 싶은 마음이 강해서, 이루고 싶은 꿈이 높아서 그만큼 좌절도 깊은 것입니다. 그러니 오늘 내가 슬럼프에 빠져 힘이 든다면 '아, 지금 내가 지쳤구나. 위안이 필요해' 하고 자신을 보듬어주면 어떨까요?

아무런 조건 없이 자신을 사랑스럽게 폭 안아주면 보이지 않던 것들이 보이기 시작합니다. 막연하게 '그냥 열심히 해야지'라고 생각했던 상태에서 벗어나, '내가 무엇을 좋아하고 싫어하는지' '무엇을 잘하고 무엇에 서툰지'를 좀 더 구체적으로 알게 되죠. 이렇게 자신을 제대로 알면, 스스로에게 잘 맞는 공부법도 찾을 수 있습니다. 사실 슬럼프는 자신에게 맞는 공부법을 찾지 못해 헤매는 과정이거든요. 진지하게 공부하는 사람들은 필히 슬럼프를 겪습니다. 그것도 한 번이 아니라 여러 번씩!

그렇다면 어떻게 자신만의 공부법을 찾아야 할까요? 나와 남이 같지 않다는 것을, 아니 아주 많이 다르다는 것부터 인정해야 합니다. 모두 똑같아 보이는 바다이지만 동해와 서해는 완전히 다르죠. 그렇게 바다는 각각 다르기 때문에 아름다운 것입니다.

이 책에서 소개하는 '문정아식 공부법'은 아직 자신만의 공부법을 찾지 못했을 때 안내서로써 활용하기에는 좋지만, 모든 분들께 '꼭 이렇게 해야만 한다'라고 강요하고 싶지는 않습니다. 참고하고 도움을 받되, 똑같이 따라 하지 않으셔도 괜찮습니다. 왜냐하면 자신에게 가장 잘 맞는 공부법이 효과도 가장 높기 때문입니다.

사람마다 제각각 어울리는 옷이 다르듯 자신에게 맞는 공부법도 분명 따로 있습니다. 열 명이 있으면 열 개의 공부법이 있고, 백 명이 있으면 백 개의 공부법이 있습니다. 어떤 학생은 새벽에 공부가 가장 잘된다고 합니다. 하지만 모든 사람이 전부 새벽형 인간일 수는 없죠. 어떤 공부법이든 다 의미가 있고 효과가 있습니다. 자신에게 맞기만 한다면요. 그러니 어떤 상황에서도 절대 남들과 나를 비교하지 마세요. 오직 어제의 자신하고만 비교하세요. 어제의 나보다 오늘의 내가 더 나아졌다면, 그것만으로도 충분합니다.

먼 바다로 나가는 일을 두려워하지 마세요. 세상에 딱 한 명밖에 없는 소중한 당신입니다. 도전을 두려워하지 마세요. 자신만의 북극성으로 가는 길을 반드시 찾게 될 거예요. 그리고 당신이 찾은 그 길을 언젠가 제게도 알려주시지 않겠습니까?

실력이 쌓이는 만큼
기회의 폭도 넓어질 거예요!

4부

중국어 공부,
즐겁게 계속하자

더 단단하게
중국어 열매 맺기

갑자기 찾아온 긴 슬럼프의 터널

"홍 대리, 자네는 해고야."

"네?"

상상도 하지 못했던 말에 홍 대리는 눈만 껌벅거렸다.

"자네에게 이런 말을 하게 된 걸 유감으로 생각해. 하지만 더 이상 우리 팀에 필요가 없게 되었어. 오전 중으로 책상 비우게."

느리게 흐르던 물살이 급류로 변하듯 그제야 머리가 제대로 돌기 시작했다. 농담 같지 않았다. 홍 대리는 뒤돌아서는 박 팀장을 다급하게 붙잡았다.

"팀장님, 갑자기 왜 이러세요. 이유라도 알려주세요."

"이유? 회사에 큰 잘못을 저질러놓고 그런 말이 나오는가?"

"잘못이라뇨. 제가 뭘 잘못했습니까. 열심히 일한 죄밖에 없습니다. 이건 부당해고라고요."

"부당하다고?"

박 팀장의 눈에서 날카로운 레이저가 나오는가 싶더니 홍 대리의 목을 뎅강 잘랐다. 홍 대리는 멍하니 자신의 목이 굴러 떨어지는 것을 보았다. 머리가 잘렸는데 어떻게 자신을 보고 있는 건지 알 수 없었다. 눈을 번쩍 떴다. 꿈이었다.

'거참 이상한 꿈도 다 있네.'

식은땀을 잔뜩 흘렸는지 등이 축축했다.

'꿈은 현실을 반영한다는데 뭔가 불길한 일이 생기려나?'

홍 대리는 애써 고개를 내저었다. 회사에서 자신은 탄탄대로를 달리는 중이었다. 중국 출장을 다녀온 이후 박 팀장의 신뢰는 더욱 깊어졌다. 박 팀장은 임원 보고를 하는 자리에 들어가서도 적극적으로 홍 대리를 어필했다. 동기 중에 가장 먼저 과장 승진을 할 거라는 소문도 돌았다.

'너무 피곤해서 그런가 보다.'

홍 대리는 한숨도 자지 못한 사람처럼 눈꺼풀을 꾹꾹 눌렀다. 예전과는 비교할 수 없을 만큼 바쁜 날들이 이어졌다. 팀은 물론 회사 전체가 중국 진출을 위한 막바지 작업에 혼신의 힘을 기울이고 있었다. 패션 박람회 때 중국 바이어들이 찾아오면 중요한 물꼬를 터야 했다. 지금까지는 순조롭게 준비가 진행됐지만, 중국 론칭이 확정되기 전까지는 한순간도 방심할 수 없었다.

‘그래도 내가 놓치고 있는 게 있지 않을까?’

홍 대리는 곰곰이 생각에 잠겼다. 사실 마음에 걸리는 것은 회사 일이 아니었다. 최근 중국어 실력이 예전만큼 늘지 않는다는 점이 가장 큰 걱정거리였다. 앞으로 중국통으로 일하고 싶다는 야심에 비하면 중국어 실력이 터무니없이 부족한 것 같아 자꾸만 초조한 마음이 들었다.

‘바쁘다는 이유로 문 소장님을 자주 못 뵈어서 그런가? 아니면 내 중국어 실력이 여기까지인가? 역시 몇 달이라도 어학연수를 다녀왔어야 하나?’

바쁘게 출근 준비를 하면서도 머릿속은 굉음을 내며 달리는 자동차 바퀴처럼 쉬지 않고 돌았다. 겨우 지각을 면하는 시간에 회사에 도착한 홍 대리는 평소와 다름없는 분위기로 인사를 하고는 자리에 앉았다. 물먹은 솜처럼 몸이 무거웠다. 왜 그런 꿈을 꿨는지, 왜 중국어 실력이 안 느는지, 왜 자꾸만 불안한 생각이 드는지 알 수 없었지만 한 가지만은 분명했다. ‘자신이 지금 평소와는 다르다는 것.’ 홍 대리는 깊은 슬럼프에 빠져 있었다.

이런 기분은 한 주 내내 이어졌다. 사소한 서류를 세 번이나 다시 고치는가 하면, 메일을 엉뚱한 곳에 잘못 보내기도 했다. 물량 발주를 잘못하고, 중요 거래처 담당자를 오해하게 만들어 회사에까지 찾아오게 했다. 금요일 오후, 박 팀장이 조용히 호출했다.

“왜 그래. 집에 무슨 일 있어?”

"아니요. 그냥 컨디션이 안 좋아서요."

"컨디션 안 좋다고 일을 이렇게 할 홍 대리가 아니잖아."

박 팀장은 홍 대리를 물끄러미 바라보았다. 그러고는 잠시 바람을 좀 쐬자며 옥상 정원으로 데려갔다.

"얼굴을 보니 알겠다. 많이 심각하냐?"

"네? 네, 좀……."

"내 그럴 줄 알았어. 나도 겪어봐서 아는데 그거 진짜 힘들지. 안 겪어본 사람들은 몰라."

홍 대리는 한숨을 깊게 내쉬었다. 박 팀장에게도 슬럼프가 있었을 줄은 몰랐다. 힘든 내색을 안 해서 그렇지, 그도 사람이구나 싶었다.

"어떻게 해결해야 할지 모르겠어요."

"그래, 별의별 방법을 다 써도 안 될 때가 있더라고."

"팀장님은 어떻게 견디셨어요?"

"나? 못 견뎠어. 병원에 갔지."

"네? 병원이요? 설마…… 약 드셨어요?"

홍 대리는 깜짝 놀란 표정으로 박 팀장을 바라보았다. 얼마나 힘들었으면 정신과 진료까지 받았을까 싶었다. 공황장애, 불안장애, 분노조절장애 등 몇몇 병명들이 빠르게 머릿속을 스쳐갔다.

"그럼! 약으로 뚫어야지. 변비에 장사 있냐?"

"네? 변비요?"

"변비 아냐? 딱 보니 맞고만. 병원 소개시켜줘? 용한 데 있어."

"아니, 그게 아니고요!"

변명을 하기도 전에 박 팀장의 휴대폰이 울렸다.

"웅웅! 빠빠예요. 맘마 먹었쪄요?"

정말이지 몇 번을 들어도 적응이 안 되는 말투였다. 이미 박 팀장에게 홍 대리는 안중에도 없었다. '변비 때문에 괴로운 홍 대리'가 아니라는 진실을 밝히지도 못한 채 씁쓸하게 혼자 사무실로 돌아왔다. 계단을 내려오며 몸의 변비가 아니라, 정신의 변비에 걸린 건지도 모르겠다고 생각했다.

주말 내내 마음을 다잡고 중국어 공부를 했지만 별다른 성과가 없었다. 벽에 붙여놓은 원 페이지도 벌써 몇 주째 같은 종이였다. 혀는 꼬이고 귀는 막히고, 천 길 낭떠러지 앞에 서 있는 것 같았다. 게다가 오랜만에 통으로 시간을 내어 공부하려니 그동안 쌓였던 습관이 무색할 만큼 진도가 더뎠다.

'몸이라도 좀 풀어볼까?'

심기일전하자는 마음으로 몸을 이리저리 움직여보았다. 그러나 어딘지 모르게 심심했다. 한바탕 몸을 풀 게 필요했다. 서랍 구석에 넣어두었던 쌍절곤을 꺼냈다. 고등학교 때 연습을 하다가 몸에 멍이 들곤 했는데, 이제는 기본 동작도 잘 안 되는 것 같았다. 하지만 몇 번 휘두르고 나니까 몸이 기억하고 있는지 제법 비슷하게 흉내 낼 정도가 됐다.

'중국어도 쌍절곤처럼 기억이 올라오면 좋을 텐데.'

일을 마치고 돌아온 아버지가 웃으면서 말을 걸었다.

"갑자기 웬 쌍절곤이냐? 요새 통 안 하더니."

"오셨어요? 중국어 공부하니까 생각나서요."

"그래, 공부는 잘되고?"

"지금까지는 잘되는 것 같았는데 요새 들어 통 안 늘어요. 아버진 오늘 어떠셨어요?"

"한국에 관광 온 중국인 손님들을 태웠는데 어찌나 귀엽고 예쁘 던지, 예쁘다고 말했더니 엄청 좋아하더라고. 시청에서 강남까지 가 는데 이런저런 얘기를 했지."

"우아, 중국인하고 대화도 하시고 부럽네요."

"그런데 왜 이렇게 풀이 죽었어?"

"바쁜 시간을 쪼개가면서 열심히 공부했는데 도통 중국어가 늘지 않아서요. 회의감도 들고 그래요."

아버지는 아들의 말을 묵묵히 들어주었다. 그러다 문득 생각이 났 다는 듯 이야기했다.

"어제 말이다. 밤늦게 손님을 태웠는데 몇 마디 나누다 보니 중 국어를 배운다고 하더구나. 반가운 마음에 왜 중국어를 공부하느냐 고 물었지. 그 사람 말이 대학교 졸업하고 원하던 무역 회사에 들어 가서 엄청 좋아했는데, 업무 관련 중국어는 그동안 배웠던 일상 회 화와는 전혀 다르래. 중국어를 전공했는데도 못 써먹겠다는 거야. 마음고생도 무지하고 두통도 달고 살았다고 하더라."

"정말 괴로웠겠네요. 중국어를 알고 있는데도 써먹지를 못하니."

"그랬겠지. 회사에서도 전공한 거 맞냐고 은근히 무시를 당했던 모양이야."

홍 대리는 남의 이야기 같지 않아 저절로 공감이 됐다.

"궁리 끝에 매일 조금씩 공부를 했다고 하더라. 그렇게 1년 정도 지나니까 중국어로 이메일이랑 보고서를 능수능란하게 쓰게 됐다고 하나? '티끌 모아 태산'이라고 했더니 그 사람도 웃더구나."

"날마다 조금씩 한 보람이 있네요."

"그치. 꾸준히 하는 건 어렵지만 보람은 큰 법이지."

홍 대리는 어렸을 때 아버지가 만든 구두를 보면서 "이걸 언제 다 만드셨어요?"라고 물어본 적이 있었다. 그때 아버지는 "날마다 조금씩 만들었지"라고 대답했다. 어떤 일이든 꾸준히 하는 것은 아버지의 삶 그 자체였다. 작은 돈이라도 매일 일해서 번 돈은 떳떳하다고 말했다.

"그런데 아버지, 요즘 어머니 몰래 뭐하세요?"

"응? 내가 뭘?"

"어머니가 수상하다고 하시던데요."

"우리 김 여사가 눈치 하나는 귀신이란 말이야. 들키지 않게 조심해야겠구나."

아버지는 아들의 어깨를 두드리고는 안방으로 들어갔다. 홍 대리도 아버지의 즐거움을 지켜드리기 위해 더 이상 묻지 않았다.

오직 어제의 나하고만 비교하라

그날 오후는 문 소장을 만나기로 한 날이었다. 자신의 슬럼프 상태를 솔직하게 털어놓고 조언을 구하고 싶었다. 늘 만나던 카페가 아닌 양꼬치 구이점에서 보기로 했다. 친구 성민의 가게였다.

가게는 손님으로 만원이었다. 성민이 홍 대리를 보고 손을 마구 휘저었다. 홍 대리도 반갑게 인사했다. 성민과 홍 대리는 중학교 때부터 무술로 맺어진 단짝이었다. 홍 대리가 쌍절곤을 가르쳐줄 때만 해도 어설퍼 보이더니, 대학교 때부터는 진짜 무술을 배우겠다며 온갖 도장을 섭렵하고 다녔다. 그러다 성민의 무술은 술 제조기술과 합쳐져 절정에 이르렀다. 결국 폭탄주의 장인이 되는가 싶더니 아예 술장사를 시작했다.

얼마 지나지 않아 문 소장이 도착했다. 성민과도 반갑게 인사를 나누고 자리를 잡았다.

"자! 귀한 손님에게만 드리는 특별 서비스입니다!"

성민은 붉은 꽃이 그려진 특대 사이즈 접시에 양꼬치를 한가득 담아왔다. 문 소장은 자신이 좋아하는 음식이라며 눈을 반짝였다. 술 한잔을 곁들이며 홍 대리는 속에 있던 말을 하나둘 풀어놓았다.

"너무 숨 가쁘게 달려왔는지 요새는 좀 지친 기분이 들어요. 공부를 해도 실력이 느는 것 같지 않고요. 마치 중국어가 사랑을 듬뿍 쏟았는데 말도 없이 잠수를 탄 애인 같아요. 솔직히 제 노력이 부족하다는 건 알겠는데, 이게 한계인가 싶기도 하고요. 내 실력이 여기까지인가 하는 두려움이 커요. 공부를 하면 하는 대로 결과가 눈에 보였는데, 이젠 아닌 것 같아요."

문 소장은 아무 말도 하지 않았다. 그러더니 갑자기 양꼬치가 담긴 접시를 손으로 가리켰다.

"이 꽃접시는 자신이 손님에게 어울리는 접시인지 아닌지를 고민할까요?"

"아니요."

"그럼 오늘은 양꼬치를 담을지 양갈비를 담을지 갈등할까요?"

"안 하겠죠."

문 소장이 왜 자꾸 이런 질문을 하는지 알 수 없었지만, 홍 대리는 일단 성실하게 대답했다.

"이 접시는 분명 오늘 장사에 대해 고민하거나 갈등하지 않을 거예요. 그건 오롯이 주인의 몫이죠. 오늘 어떤 음악을 틀지, 매상을 어떻게 올릴지 갈등하면서 매 순간 고민하고 결정하고 생각하는 성민 씨에겐 어떤 일이 생길까요?"

"장사를 점점 더 잘하게 되지 않을까요?"

"그래요. 고민과 갈등이 생긴다는 건 점점 발전하고 있다는 증거예요. 홍 대리님의 중국어도 점점 나아지고 있다는 뜻이고요."

"……!"

문 소장의 말에 홍 대리는 머리를 한 대 얻어맞은 기분을 느꼈다.

갈등과 고민을 그런 식으로 접근해 생각해본 적이 없었기 때문이었다. 생각을 정리하려고 아무 말 없이 접시 위의 꽃무늬만 바라보았다. 잠시 후 문 소장이 입을 열었다.

"꽃은 아름답지만 계속 피어 있으면 열매를 맺을 수 없어요. 꽃이 떨어진 후에야 열매가 자라니까요. 어떤 꽃나무도 꽃과 열매를 동시에 맺지는 않죠. 중국어를 배우는 일도 이와 비슷하다고 봐요. 꽃이 피는 시기가 있으면 열매를 맺는 시기도 있어요. 이제 홍 대리님은 화려한 꽃에 연연할 때가 아니라, 열매를 맺을 준비를 해야 해요. 더 단단하게 여물어야 한다는 뜻이에요."

홍 대리는 그제야 고개를 들었다. 단호한 말투와 달리 문 소장의 표정은 온화하기 그지없었다.

"사람마다 역량도 다르고 컨디션도 다르고 학습량도 달라요. 부정적인 생각이 들기 시작하면 한도 끝도 없이 그 생각이 스며들죠. 빨리 이런 생각들을 떨치고 마음을 다잡아야 해요. 저도 중국어가 잘되지 않아 막막하기도 하고 울고 싶을 때도 많았어요. 그렇지만 그런 시행착오가 있었기에 이만큼 성장할 수 있었죠. 제가 한 가지 믿고 있는 건 '노력은 사람을 배신하지 않는다'는 사실이에요. 그건 홍 대리님만 봐도 알 수 있어요. 넉 달 전보다 석 달 전, 두 달 전보다 한 달 전, 한 달 전보다 오늘의 홍 대리님이 더 낫잖아요. 그러니 오직 예전의 나하고만 비교하면 어떨까요? 언제나 이기는 게임일 걸요? 홍 대리님의 중국어 실력은 자꾸만 나아지고 있으니까요."

예전의 나와 비교하면 언제나 이기는 게임이라는 말을 듣고 홍 대리는 피식 웃고 말았다. 빡빡이 공부를 할 때도 있었는데, 그때에 비하면 지금은 정말 많이 성장했다고 생각했다. 이후로도 두 사람은 이런저런 이야기를 주고받았다. 얼마 전 무거웠던 마음에 비하면 한결 가벼워진 기분이 들었다. 대화 끝에 홍 대리는 목이 잘리는 꿈까지 꾸었다는 이야기를 했다. 걱정스러워할 줄 알았는데 예상과 달리 문 소장이 박수를 치며 웃었다.

"오, 축하해요! 죽는 꿈이나 목이 잘리는 꿈은 '재생'을 의미하거든요. 완전히 새롭게 태어난다는 뜻이죠. 꿈은 무의식이 우리의 삶에 변화가 필요할 때 메시지를 전달하는 신호예요. 고대 중국 사람들도 꿈으로 길흉화복을 점쳤다고 해요. 홍 대리님에게도 분명 큰 변화가 생길 거예요. 꽃이 떨어진 후에야 알 수 있는 게 있는 법이니까요."

문 소장의 말은 어떤 말보다 위로와 격려가 되었다. 그때 성민이 다가오더니 '특별 손님 환영식'이라며 현란한 술 제조기술을 선보였다. 놀랄 만큼 빠른 손놀림으로 술잔에 술을 붓자 샴페인처럼 거품이 뿜어져 나왔다. 마지막으로 소싯적에 배웠던 무술 한 동작을 하며 환영식을 마무리했다. 저절로 물개박수가 나왔다. 문 소장도 신기해하며 아이처럼 즐거워했다.

집으로 돌아오는 길에 홍 대리는 길가에 서 있는 나무들을 보았다. 하늘을 향해 두 팔을 벌린 사람처럼 가지들을 한껏 뻗치고 있었다. 이렇게 자라기까지 나무들은 비와 바람, 땡볕과 폭풍우을 모두 견뎌냈을 것이다.

'꽃이 떨어진 후에야 알 수 있는 것……. 그것은 열매겠지. 겨우 몇 달 중국어 공부를 했다고 내가 허세를 부렸구나.'

다시 시작하고 싶었다. 중국어라는 알찬 열매를 두 손 가득 안고 싶었다. 홍 대리는 시간이 가는 줄도 모르고 대지에 튼튼하게 뿌리를 내리고 서 있는 나무들을 바라보았다.

공부에 지칠 때 슬럼프 극복하기

중국어가 점점 늘지 않는 것 같고, 마음이 예전만큼 굳건하지 않다고요? 그렇다면 축하드립니다! 대체 무슨 소리냐고요? 열심히 달리다가 슬럼프에 빠졌다는 것은 더 높은 수준으로 도약할 기회를 맞았다는 의미거든요. 그동안 온 힘을 다해 공부했다는 반증이기도 하고요.

물론 그렇다고 해서 계속 슬럼프에 빠져 있을 수만은 없겠죠? 답답한 상황에서 벗어나 다시 한 발짝 중국어에 가까워지기 위한 방도를 알려드리겠습니다.

첫째, 중국어에는 '부 파 만, 즐 파 짠不怕慢，只怕站'이라는 말이 있어요. '느린 것을 두려워하지 말고, 멈추는 것을 두려워하라'라는 뜻이죠. 조금 더디더라도 중간에 포기하지 않고 꾸준히 공부하는 게 중요하다는 의미이기도 합니다.

슬럼프에 한번 빠지면 그간 잘 지켜오던 학습법과 계획들이 하루 이틀 사이에 와르르 무너져 내리곤 합니다. 안 그래도 공부가 손에 잘 안 잡히는데, 하루하루 해내야 하는 진도도 점점 밀리게 되니 스트레스도 쌓이고요. 한번 어그러진 계획표를 보면 한숨이 절로 나오면서 그냥 다 포기하고 싶어지는 악순환에 빠질 수 있습니다. '지키지도 못하는데 이놈의 계획표 다 갖다 버리고 싶다!' 이런 생각이 들기도 하고요. 만약 이런 생각이 든다면 어떻게 해야 할까요? 공부 의욕을 팍팍 떨어뜨리는 기존의 계획과 진도표를 다 버리세요! 대신 전보다 더 작은 목표, 사소한 습관부터 하나씩 지켜나가면서 '작심1일' 작전을 세워보는 것입니다. '작심3일'이 뜻을 세우고 3일 동안 실천하는 것이라면, 작심 1일은 하루 단위로 계획을 세워서 실천하고, 다시 다음 날 계획을 세우는 것을 말합니다. 학습적인 부담이 없는 계획도 괜찮아요. 쉽게 성취할 수 있는 작은 목표부터 하나씩 지키고 차츰 습관화시킨다면, 원래의 페이스로 회복하기 쉽습니다.

둘째, 일주일에 하루 혹은 열흘에 하루는 '나에게 주는 선물의 날'로 삼아보세요. 나를 위한 보상의 날을 미리 정해놓고, 뭔가 딴짓을 하고 싶을 때마다 그날로 미뤄보는 거예요. 배터리도 충전이 필요하듯, 우리에게도 머리를 식히고 기분을 회복할 수 있는 충전 시간이 필요합니다. '할 땐 하고, 쉴 땐 쉰다'는 마음으로 중국어 공부를 이어나가세요.

셋째, 절대로 남과 비교하지 않는 겁니다. 나는 나고 남은 남이에요. '똑같이 시작했는데, 왜 친구는 더 잘하고 나는 부족하지?' 이런 생각이 오히려 의욕과 열정을 떨어뜨릴 수 있습니다.

실제로 제 강의를 들으러 온 두 명의 여학생 친구가 있었어요. 같은

학교 출신의 단짝이었죠. 한 명은 어학적인 재능이 뛰어났는데, 다른 한 명은 평범하다 못해 조금 부족한 편이었어요. 재능이 있는 학생은 6개월 만에 본인이 원하는 급수를 땄고, 다른 한 명은 목표에 훨씬 못 미치는 성적을 받아 들었죠. 하지만 그로부터 2년 후 반전이 일어났습니다. 더 높은 성적을 받은 친구는 급수 취득 후 중국어 공부를 손에서 놓았고, 실력이 부족했던 친구는 꾸준히 공부를 이어갔던 결과 중국어 능력시험에서 가장 높은 급수를 취득한 동시에 회화까지 섭렵했어요. 재능이 있던 친구는 2년 후에 다시 학원으로 돌아와 공부했지만, 예전에 배운 걸 다 까먹어서 다시 처음부터 시작해야 했죠.

여러분, 중국어 공부뿐만 아니라 어떤 일을 하더라도 슬럼프는 반드시 찾아오기 마련입니다. 업무를 할 때도 열심히 하다가 좀 지나면 매너리즘이 찾아오고, 이성을 사귈 때에도 권태기가 있지 않던가요? 모든 슬럼프의 공통점은 고통스러운 시기를 지혜롭게 넘기기만 하면 한층 향기로운 열매가 기다리고 있다는 것입니다. 고만고만한 샐러리맨은 비즈니스 전문가로 업그레이드되고, 알콩달콩 풋내기 연인은 더 깊이 신뢰하는 소울메이트로 거듭나듯 말이죠. 중국어 역시 잠깐 슬럼프를 맞이했더라도, 위기를 더 큰 기회로 만들 수 있는 여러분이 되시리라 굳게 믿습니다.

그럼, 이번에는 슬럼프에 빠졌을 때 책상에 써 붙여두고 마음을 다잡을 만한 중국 명언을 소개해드리겠습니다. 책상 앞에 앉을 때마다 이 문구를 먼저 읽고 공부를 시작해도 좋겠네요!

노력은 사람을 배신하지 않는다.

功夫不负有心人。

Gōngfu bú fù yǒuxīnrén.

길이 먼 것을 두려워하지 말고, 의지가 짧은 것을 두려워하라.

不怕路远，就怕志短。

Bú pà lù yuǎn, jiù pà zhì duǎn.

한 치의 시간은 한 치의 금과 맞먹지만,
한 치의 금으로도 한 치의 시간은 살 수 없다.

一寸光阴一寸金，寸金难买寸光阴。

Yí cùn guāngyīn yí cùn jīn, cùn jīn nánmǎi cùn guāngyīn.

배울수록 자신이 아는 게 없음을 알게 된다.

越学习，越发现自己的无知。

Yuè xuéxí, yuè fāxiàn zìjǐ de wúzhī.

꿈은 이루어진다.

梦想成真。

Mèngxiǎngchéngzhēn.

의지만 있으면 결국 성공한다.

有志者事竟成。

Yǒu zhì zhě shì jìng chéng.

한 권의 책을 읽으면, 지식 하나가 쌓인다.

读一书，增一智。

Dú yì shū, zēng yí zhì.

주위 시선 신경 쓰지 말고, 자신이 어떻게 할지만 신경 쓰라.

不要在乎别人怎么看你，要在乎你自己怎么做。

Búyào zàihu biéren zěnme kàn nǐ, yào zàihu nǐ zìjǐ zěnme zuò.

한걸음 나아가면 더 넓은 세상을 볼 수 있다.

退一步海阔天空。

Tuì yí bù hǎikuòtiānkōng.

젊어서 노력하지 않으면, 늙어서 후회하게 된다.

少壮不努力，老大徒伤悲。

Shàozhuàng bù nǔlì, lǎodà tú shāngbēi.

SNS으로
스마트하게 공부하는 법

가장 최신의 중국어가 넘실대는 곳

"양꼬치엔 칭따오! 먹고 싶다 해~ 니 츨판 러 마! 중국 가면 먹방이다 하오!"

김 여사의 마음은 이미 중국 한복판에 가 있었다.

"세상에 네 아버지가 글쎄, 나 모르게 중국 여행을 시켜주려고 적금을 들었다지 뭐냐."

홍 대리는 역시 그럴 줄 알았다는 표정으로 아버지를 바라보았다. 아버지의 딴 주머니는 오직 어머니에게만 열려 있었으니 말이다.

"어휴, 중국 여행은 제가 시켜드리려고 했는데!"

"시켜줘! 누가 말리니? 남편 덕에 가고 아들 덕에 또 가, 나는 언제든 환영이야."

김 여사의 명랑한 대답에 아버지와 홍 대리는 웃음을 터트리고 말았다. 드디어 홍 대리의 아버지는 결혼 35년 만에 아내의 꿈을 이뤄주었다. 젊은 시절 연애를 하던 무렵부터 간직해온 꿈이기도 했다. 그러나 막상 아버지가 중국에 가자는 말을 꺼냈을 때, 김 여사는 이렇게 반응했다.

"중국? 새로 생긴 자장면 집이에요? 난 못 봤는데."

"그게 아니고, 진짜 중국!"

"네? 중국 여행을 간다고요?"

이때부터 본격적으로 여행 준비가 시작되었다. 홍 대리는 부모님이 떠나기 전 휴대폰에 중국판 카카오톡인 '위챗微信(WeChat)'을 깔아드렸다. 부모님이 중국에 계실 동안 통화를 하기 위해서였다. 마음을 다잡고 중국어 공부에 다시 열중하기 시작한 홍 대리도 한자 병음 입력기 어플인 '소우거우搜狗(Sogou)'를 다운로드 받아 설치했다. 중국도 한국처럼 이미 디지털에 익숙해져 있었다. 컴퓨터나 스마트폰이 생활화된 것은 물론, 사람들과 소통하기 위해 SNS 활용은 필수였다. 중국은 페이스북이나 구글 대신 위챗, 웨이보微博(Weibo), 바이두百度(Baidu)를 애용했다. 부모님의 중국 여행을 위해 조사해보니 생각보다 재미있는 SNS가 많았다. 위챗도 그중 하나였다. 메시지나 사진을 전송하는 것은 물론 음성, 영상통화, 그룹채팅, 모바일결제까지 수많은 기능을 지원하고 있었다.

위챗에는 또 한 가지 재미있는 기능이 있었다. '쉐이크'라는 기능인데, '흔들기'를 클릭하면 같은 시간에 흔든 사람과 연결되어 채팅이 가능했다. '병편지'에 메시지를 적어서 유리병에 담고, 그것을 위챗 상의 바다에 던지면 병을 주운 사람과 대화도 할 수 있어서 자연스럽게 중국어를 익히기에 그만이었다.

설날에는 위챗의 '홍빠오红包' 기능을 이용한 놀이 문화도 있다는 것을 알게 됐다. 홍빠오는 설날에 주는 세뱃돈으로, 붉은 주머니에 넣어달라는 뜻으로 지어진 이름이라고 했다. 홍빠오를 다른 사람에게 줬는데 그 사람이 24시간 안에 받지 않으면 되돌아오는 시스템이었다. 그룹 안에서 홍빠오를 보내면 제비뽑기식으로 보내지는데, 먼저 클릭한 사람부터 금액이 입금되었다. 편의점에서 결제를 하고 남은 소액을 홍빠오로 받거나, 가게에서 할인을 해주는 대신 홍빠오를 주기도 한다고 했다.

개인이 동영상을 올리고 공유하는 사이트 유쿠에서는 유튜브처럼 각종 동영상을 쉽게 찾아볼 수 있었다. 또 중국의 넷플릭스라 불리는 '러슬왕乐视网(LeTV)'에서는 중국 영화나 드라마, 텔레비전 프로그램을 볼 수 있었다. 홍 대리도 러슬왕에서 드라마를 다운로드 받아 휴대폰에 저장했다. 원하는 시간에 어디에서든 드라마 공부를 할 수 있어서 편리했다. 북경 특유의 말투나 방언을 비교해보는 것도 재미가 쏠쏠했다.

검색을 하다 보니 인민일보의 기사를 한꺼번에 모아놓은 '인민망人民网'이라는 사이트도 괜찮아 보였다. 기사라서 정돈된 글을 볼 수 있었고, 중국 시사도 접할 수 있었다.

홍 대리가 부쩍 재미를 느끼고 있는 건 '웨이보'였다. '미니 블로그'라는 뜻으로, '작다'라는 뜻의 '웨이微'와 '블로그'를 뜻하는 '보커博客'의 첫 글자를 딴 중국판 트위터였다. 웨이보는 짧은 텍스트, 이미지, 동영상 등 다양한 콘텐츠를 게시할 수 있었고, 남들과 공유할 만한 가벼운 내용의 포스팅이 많았다. 불특정 다수를 대상으로 하는 개방형 SNS여서 친구를 사귀기에도 좋았다. 꼭 친구를 맺지 않아도 상대방의 글을 볼 수 있기 때문에 최근 관심사를 아는 데에도 도움이 되었다. 자신을 '중국에 관심 있는 한국인'이라고 표기해놓자, 한국에 관심 있는 현지인들이 팔로잉하기도 했다. 좋아하는 연예인이나 유명 인사를 팔로잉하여 그들이 올린 게시물을 보면서 신조어도 배워보고, 독해 능력도 향상시킬 수 있었다.

중국에 도착한 부모님이 홍 대리에게 위챗으로 영상통화를 걸어왔다. 아버지는 김 여사의 활약상을 생생하게 들려주었다.

"우리 김 여사 때문에 놀라서 입을 다물 새가 없어."

"하여튼 우리 엄마도 참. 이제 대륙에서도 '홍 여사'로 유명해지겠네요."

홍 대리의 넉살에 아버지도 그럴 것 같다며 껄껄 웃었다. 여행을 간 부모님과는 수시로 연락을 주고받았다. 아버지도 자신의 중국어가 통해서 내심 뿌듯해 하는 눈치였다.

"중국어 배우길 정말 잘했지 뭐냐. 매일 조금씩 꾸준히 한 게 통했어. 간단한 인사라도 주고받으니 여행할 맛이 나. 네 엄마는 발음이 나보다 더 좋아. 하룻밤 자고 일어날 때마다 실력이 부쩍부쩍 늘지 뭐냐. 아들한테 중국어 배웠다고 자랑이 대단하다."

홍 대리와 통화할 때마다 아버지는 어머니의 무용담을 전해주었다. 김 여사는 한국 사람들이 꺼리는 음식도 잘 먹고, 심지어 현지에서 중국인 친구까지 사귀었다고 했다. 친화력만큼은 둘째가라면 서러워 할 김 여사, 아니 홍 여사가 틀림없었다.

아버지와 통화를 마치니 저절로 기분이 좋아졌다. 나이에 굴하지 않고 새로운 것에 호기심을 갖고 배우는 부모님이 자랑스러웠다. 홍 대리의 휴대폰 바탕화면에는 바이두와 'QQ(텐센트가 개발한 브라우저)'가 깔려 있었다. 짬이 날 때마다 인터넷 사이트에 들어가 중국의 이모저모를 살폈다. 중국 정치와 경제까지는 아니더라도 날씨와 패션 등을 중심으로 중국인들의 관심사와 유행을 챙겨 보았다.

SNS로 중국어 공부에 다시 불을 지핀 홍 대리에게 문 소장은 팟캐스트도 추천해주었다.

"팟캐스트는 의외로 도움이 되는 면이 많아요. 각 강의마다 발음이면 발음, 일상에서 쓰는 회화부터 속담까지 다양한 표현이 나오거든요. 시험 삼아 몇 개를 들어보고, 자신에게 맞는 것 하나를 골라 매일 들어보세요."

팟캐스트는 원하는 시간에 들을 수 있다는 장점이 있었다. 출퇴근 시간에 이동하면서 반복해 들으면 좋을 것 같았다.

'조금 어려운 걸 들어볼까?'

그러나 과도한 욕심은 부리지 않기로 마음먹었다. 초심으로 돌아가 재미있게 들으면서 일상에서 당장 쓸 수 있는 표현이 자주 나오는 팟캐스트를 골랐다. 슬럼프를 한번 겪고 나니 오히려 뚝심이 생긴 것 같았다. 어느새 홍 대리가 중국어 공부를 시작한 지도 5개월이 되었다. 이제는 이메일도 어느 정도 읽고 쓸 수 있게 되었다.

어느 날 위챗에서 그룹 대화를 염탐하던 중이었다.

"是我朋友的朋友, 不过总是 '狗拿耗子, 多管闲事'(내 친구의 친구인데, 늘 '狗拿耗子, 多管闲事'야)."

"总是有那样的人(꼭 그런 사람이 있지)."

"我身边也有(내 주변에도 있음)."

'狗拿耗子, 多管闲事? 처음 보는 말인데 뭐지?'

홍 대리는 얼른 네이버 중국어 사전을 열어 기억이 나는 대로 글자를 조합해보았다.

'狗拿耗子, 多管闲事. 개가 쥐를 잡다. 쓸데없이 남의 일에 참견하다. 이런 뜻이구나!'

홍 대리는 휴대폰을 들고 혼잣말로 중얼거렸다. 이제 일상 회화는 바로바로 이해할 수 있다고 자신했는데, 여전히 배울 말들이 많았다. 역시 '天不言自高, 地不言自厚(하늘은 자신이 높다고 하지 않고, 땅은 자신이 두텁다고 하지 않는다)'라는 생각이 들었다.

문정아와
함께하는
중국어

회화에 도움이 되는 SNS 알아보기

중국도 우리나라 못지않게 SNS 열풍이 상당히 대단합니다. 다만 현재까지도 페이스북, 유튜브, 트위터, 인스타그램 등 세계적인 SNS는 정치적인 이유로 인해 사용에 규제가 있죠. 그래서 중국에서 자체적으로 개발한 SNS가 많은 인기를 끌고 있습니다. 가장 대표적인 SNS이자 우리나라의 카카오톡과 비슷한 '위챗'을 비롯해, 유튜브처럼 동영상과 뮤직비디오, 뉴스와 영화 등을 볼 수 있는 '유쿠', 트위터와 비슷한 성격을 가진 채널로 현재 4억 명 이상의 인구가 사용하고 있는 '웨이보', 그리고 최근 급성장을 이루고 있는 '런런왕人人网' 등 정말로 다양한 종류의 SNS가 사랑받고 있습니다.

과거에 중국인 친구를 사귀려면 펜팔 편지를 보내고 오랜 시간 기다려 조금 대화를 할 수 있는 정도였다면, 요즘은 SNS의 발달로 인해 언제 어디서든 중국인과 쉽게 대화를 나눌 수 있습니다. 책으로만 공부할 게 아니라, 직접 중국인과 친구가 되어보고 요즘 중국의 젊은이들 사이에서 회자되고 있는 이슈와 유행어를 배워보는 건 어떨까요?

　우리에게는 아직 익숙하지 않지만, 중국을 비롯한 전 세계에서 널리 사랑받고 있는 SNS 두 가지를 소개해드리겠습니다. 휴대폰에 설치해서 직접 사용해보고, 중국인 친구와 대화도 나눠보세요.

· 위챗 ·

　텐센트 홀딩스가 2011년 1월에 출시한 모바일 인스턴트 메신저입니다. 국가 간 가족이나 친구와 쉽게 연결할 수 있도록 해주는 무료 메신저이자 통화 애플리케이션이죠. 월 활성사용자 수가 5억 명에 육박하는 플랫폼으로, 사실상 거의 모든 중국 스마트폰 사용자가 위챗을 쓰고 있다고 봐도 무방합니다. 영어, 한국어를 포함해 스페인어, 베트남어, 일본어 등 18개의 언어를 지원하고 있습니다.

★ 기능

• **메시지/사진/동영상 전송** : 위챗의 대표적인 기능으로, 상대방에게 메시지와 사진, 동영상, 연락처 등을 전송할 수 있다.

- **음성/영상 채팅 :** 텍스트가 아닌 상대방과 말로 대화가 가능하다.
- **모멘트 :** '지금 이 순간'이라는 의미로 사진이나 글, 동영상을 올려 친구들과 공유할 수 있고, 댓글을 달거나 '좋아요'를 눌러 소통할 수 있는 공간이다. 우리나라의 카카오스토리와 기능이 유사하나, 별도로 애플리케이션을 설치할 필요 없이 위챗 내부에서 한 번에 이용이 가능하다. 모멘트는 자신이 추가한 친구에게만 공개되며, 특정 인물에게 비공개로 전환할 수 있다.
- **QR코드 스캔 :** 사용자가 생성한 자신의 QR코드를 상대방이 스캔하면 전화번호나 아이디 추가 없이 친구를 맺을 수 있다.
- **쉐이크(흔들기) :** 쉐이크 기능을 이용하면 사용자 반경 1킬로미터 안에서 동시에 '흔든' 사용자끼리 연락할 수 있도록 정보가 뜬다.
- **드리프트 보틀(병편지 메시지) :** 메시지를 바다에 띄우면 그 병을 주운 사람이 답장을 보내 소통할 수 있게 하는 기능이다.
- **주변 사람 :** 위치 기반으로 나에게 가까운 순으로 이용자를 찾아주는 기능이다.
- **위챗페이 :** 텐센트 홀딩스의 모바일 결제 시스템인 '텐페이'가 위챗에 연동되면서 생긴 기능으로, 사용자는 위챗에 탑재되어 있는 간편 결제 기능을 이용해 돈을 주고받을 수 있다. 위챗에서 생성한 바코드로 오프라인 매장에서 결제도 가능하다.

쉐이크, 드리프트 보틀 등 위챗의 다양한 기능을 활용해 모르는 사람에게 말을 걸 수 있고, 중국어로 소통할 수 있는 기회를 얻을 수 있습니다. 중국어를 어느 정도 배운 사람이라면 자기소개나 관심사 등을 위주로 메시지를 주고받아보세요. 배운 표현을 실제로 사용함으로써 더 확실하게 머리에 각인시킬 수 있고, 현지인들의 생생한 표현을 배울 수 있습니다. 카카오톡보다 음성 메시지를 보내기에 편리해서 중국어를 말하거나 듣고 싶은 경우에도 유용하게 활용이 가능합니다.

다만, 이러한 경로로 알게 된 사람은 신원이 불명확하므로 주의를 기울여야 합니다. 더불어 아무런 연고 없이 알게 된 사람들이기 때문에 꾸준히 노력하지 않으면 관계가 끊어지기 쉽다는 점도 기억해야 하죠. 대화가 잘 통하는 친구를 알게 되었다면, 그 관계를 유지하기 위해 연락을 지속해야 한다는 점을 잊지 마세요.

• 웨이보 •

중국 최대의 마이크로블로그 사이트로, 2009년 8월부터 시작된 서비스입니다. 웨이보는 '작다'는 뜻의 '웨이'와 '블로그'라는 뜻의 '보커'의 첫 글자를 합쳐 만든 이름이죠. 글쓰기뿐만 아니라 사진과 동영상을 올릴 수 있고, 트위터처럼 다른 사용자를 팔로우할 수 있습니다. 페이스북, 인스타그램, 트위터에 대한 규제가 심한 만큼, 현재로써는 웨이보가 중국인들의 대표적인 SNS 소통 창구라고 할 수 있습니다.

★ 기능

- **콘텐츠 게시 :** 웨이보 계정을 통해 짧은 텍스트와 이미지, 동영상 등 다양한 콘텐츠를 게시할 수 있다.
- **팔로잉 :** 사용자를 팔로우하거나 '좋아요'를 누르고, 다이렉트 메시지를 보내는 등 트위터에서 제공하는 웬만한 기능을 두루 갖추고 있다.
- **콘텐츠 공유 :** 친구를 맺지 않은 사람과도 콘텐츠 공유가 가능하며, 정보를 공유하기 위해 쓴 가벼운 내용의 포스팅이 많다. 다른 채널에 비해 확산성이 뛰어나다.

★ 학습 Tip

친구를 맺지 않아도 상대방의 글을 볼 수 있어서 보다 많은 사람과 접촉하기에 좋습니다. 많은 한류스타나 중국 연예인들이 웨이보를 통해 자신의 소식을 전하기도 하죠. 웨이보에 가입해서 자신을 '중국에 관심 있는 한국인'이라고 표기해놓으면, 한국에 관심이 있는 중국인들이 팔로잉을 하기도 해요. 중국으로 어학연수나 유학을 갈 계획이라면 자신이 갈 학교를 설정해두거나 해당 학교 페이지에 '좋아요'를 누르면 관련 정보를 얻기도 쉽고 의외의 인맥이 생길 수도 있으니 활용해보기 바랍니다. 좋아하는 유명 인사나 연예인이 있다면 팔로잉하여 그들이 올린 게시물을 보며 신조어도 배워보고 독해 능력도 향상시켜보세요.

문화를 이해하면 더 깊은 언어가 보인다

2030 유행어 트렌드 따라잡기

드디어 패션 박람회 날이 다가왔다. 며칠 밤을 새면서까지 만반의 준비를 마쳤지만, 그래도 긴장의 끈을 놓을 수 없었다. 박람회장에 설치된 부스만 해도 1500개가 넘었다. 걸어도 걸어도 부스 끝이 보이지 않을 정도였다.

회사의 부스 실무는 홍 대리가 맡았다. 오프닝 첫날, 비즈니스를 위해 참석한 바이어들과 구경을 온 일반인 참가자들로 인해 박람회장은 발 디딜 틈이 없었다. 이른 아침부터 패션쇼 동선 점검하랴, 비즈니스 미팅 사전 예약 접수하랴, 부스에 설치된 시설 점검하랴 몸이 열 개라도 모자랄 판국이었다.

박람회의 꽃인 패션쇼는 행사 이틀째 되는 날 오후 2시에 열렸다. 패션쇼가 시작되자 모델들은 최신 트렌드에 맞춰 제작된 의상을 입고 런웨이에 섰다. 패션쇼는 한 시간가량 진행됐지만, 준비하는 과정과 끝난 뒤의 작업은 상상을 초월할 만큼 힘들었다. 그러나 박람회가 발판이 되어 중국 회사와 계약하는 경우도 많았기에 약간의 실수도 용납할 수 없는 상황이었다. 회사의 중국 진출도 바로 이 박람회에서 결정될 터였다.

쉬는 시간도 없이 부스에서 바이어들을 응대했지만, 너무 많은 사람들이 오가는 바람에 정신이 하나도 없었다. 일단 전체적으로는 홍보에 성공한 듯 보이긴 했지만 비즈니스 성과로 이어졌다고 하기엔 시기상조였다. 안쪽에 마련된 테이블에선 박 팀장이 사전 예약을 하고 온 중국인 바이어들에게 부지런히 설명을 하고 있었다. 홍 대리는 초조하게 시계를 보며 다음 예약된 중국인 바이어들을 기다리고 있었다.

언제 도착할지 몰라 밖을 기웃거리는데, 20대 중국인 여성이 들어왔다. 마네킹에 입힌 치마가 마음에 드는 모양이었다.

"멍멍따萌萌哒(귀엽당)!"

어디서 들어본 단어 같았는데 도통 뜻이 생각나지 않았다. 얼른 바이두를 열어 검색해보니, '귀엽다'라는 뜻의 신조어였다. 우리도 자주 쓰는 '귀엽당' '예쁘당'이라는 의미였다. 부스 밖으로 걸음을 옮기는 고객에게 얼른 다가갔다. 미리 중국어로 준비해둔 옷에 대한 설명을 늘어놓자 열심히 고개를 끄덕이며 들어주었다. 그러더니 지금 판매하고 있는 옷이냐고 물었다.

"하이 부 슬, 부쿼 츨자오 훼이 샹 쭝궈 슬창, 따오슬 이띵 야오 마이还不是, 不过迟早会上中国市场, 到时一定要买(아직은 아닙니다. 하지만 조만간 중국에서 보게 될 테니, 그때 꼭 구입해주세요)."

"와! 슬 챠오지 씬콴 바? 짜이 쭝궈 넝 마이더따오 찌우 하오 러哇! 是超级新款吧? 在中国能买得到就好了(와! 완전 신상이네요? 중국에서 살 수 있으면 좋겠어요)."

흐뭇한 마음으로 인사를 하며 홍 대리는 이렇게 생각했다.

'2030 세대들이 일상에서 자주 쓰는 유행어를 따로 정리해서 알아둘 필요가 있겠군.'

패션에도 트렌드가 있는 것처럼 언어에도 트렌드가 있었다. 유행어와 신조어를 알아두면 업무에도 도움이 될 것 같았다.

시간에 딱 맞춰 바이어가 도착했다. 예상보다 큰 박람회 규모에 놀란 듯해 보였다. 미팅 테이블에는 홍 대리와 박 팀장이 앉았다. 중국에서부터 편안한 분위기를 만들어놓은지라 미팅은 순조롭게 이루어졌다. 미팅이 끝나고 바이어들과 악수를 나눈 뒤 중국에서 다시 만나자고 이야기했다.

바이어들이 떠난 후 부스에서 함성이 터져 나왔다. 누가 먼저랄 것도 없이 서로를 얼싸안았다. 다음 달에 중국에서 정식으로 계약을 체결하기로 결정된 것이었다.

시대상을 반영한 최신 신조어

박람회가 끝나자마자 한 달 후 있을 중국 출장 준비로 눈코 뜰 새 없이 바쁜 나날이 이어졌다. 홍 대리는 좀 더 치밀하게 계획을 세우고 출장에 가겠다고 마음먹었다. 현지 시장 조사는 제안서와 보고서를 쓸 때 이미 한차례 끝낸 상황이었지만, 중국의 속살까지 깊이 들어가 현재 중국 2030 세대들이 어떤 트렌드를 원하고 자신을 어떻게 표현하기 바라는지 알고 싶었다.

박람회가 끝난 후 문 소장을 만나 그날 있었던 젊은 여성과의 에피소드를 이야기했다. 문 소장은 반가운 기색으로 말했다.

"아주 좋은 경험을 하셨네요!"

"네, 짧게라도 대화해보길 잘했다는 생각이 들어요. 우리에게 유행어나 신조어가 있는 것처럼, 중국의 젊은 친구들도 자주 쓰는 말이 있겠죠?"

"물론이죠. 재미있는 표현들이 많아요. 예를 들어 '따哒'라는 말이 있는데, 본래 의미는 소리를 나타낼 때 쓰는 말이에요. 말발굽 소리 '다그닥 다그닥'이나 기관총 소리인 '다다다다'를 나타낼 때 쓰는 단어죠. 그러다 최근 인터넷에서 단어 끝에 붙여 쓰면서 유행어를 만들어냈어요. 홍 대리님이 들었던 '멍멍따'도 그런 말 중 하나죠. '귀엽다'라는 의미의 '커아이可爱'보다 뭔가 더 '우쭈쭈~' 하는 느낌이랄까. 혹은 '귀엽당' '귀요미'가 지닌 뉘앙스와 비슷하다고 보면 될 거예요. '머머따么么哒'는 '뽀뽀 쪽'이라는 의미로 쓰이는데 애교를 부릴 때 쓰는 말이죠. '빵빵따棒棒哒'는 '쩐다' '대박' '짱'이라는 의미로 사용되고요.

"'빵빵따'는 채팅을 할 때 써먹어봐야겠어요. 그럼 신조어는 어떤 게 있나요?"

"띠토우주低头族(수그리족)가 있으려나? '수그리족'이라는 뜻인데, 그건 중국이나 우리나라나 마찬가지인 것 같아요."

띠토우주는 때와 장소를 가리지 않고 휴대폰만 보며 고개를 숙이고 있는 사람들을 뜻하는 말이었다.

"어? 그건 저도 해당되는데요?"

"저도 가끔은 그래요."

문 소장이 공감하는 표정으로 웃었다. '하이타오주海淘族(해외직구족)'라는 말도 있었다. 해외 온라인 쇼핑몰에서 물건을 구매하는 중국인을 일컫는 말이었다. '海'는 '바다', '淘'는 '소비하다', '族'은 '집단'을 의미하는데, 풀이해보면 '바다 건너의 물건을 구매하는 사람들'이라는 뜻이었다.

"뭔가 우리랑 비슷하네요."

"그렇죠? 현대 서양 문화의 영향을 받아서인지 비슷한 부분이 점점 더 많아지고 있어요."

재미있는 신조어 중에 '밍밍삥明明病(미루기 병)'이라는 말도 있었다. 지금 해야 할 일이라는 걸 뻔히 알면서도 자꾸 미루는 행위를 일컫는 말이었다.

"예를 들면 다이어트는 내일부터! 공부는 내일부터! 운동은 내일부터! 이런 뜻이네요?"

"맞아요. 저도 다이어트만 생각하면 '밍밍삥'에 걸리곤 하죠."

"다이어트는 언제나 내일부터죠! 그건 오늘 하는 게 아니에요."

홍 대리의 넉살에 문 소장이 웃음을 터트렸다. 이 밖에도 한국에서 쓰기 시작해 중국으로 넘어간 신조어도 있었다. '뉘얼 샤꽈女儿傻瓜(딸 바보)' '얼즈 샤꽈儿子傻瓜(아들 바보)' '까오푸슈아이高富帅(엄친아)' '바이푸메이白富美(엄친딸)' 등이었다. 그중에서도 '뚜어쇼우주剁手族(쇼핑중독자)'라는 말은 '자르다'라는 뜻의 '剁'와 '손'이라는 뜻의 '手'가 합쳐져 생긴 말인데, 쇼핑에 중독되어 손을 잘라야 할 정도라니 조금 무서워지기도 했다. 최근에는 한국에서 많이 입에 오르내리는 '푸얼따이富二代(금수저)'와 '치웅얼따이穷二代(흙수저)'라는 말도 유행이라고 했다.

"왜 이런 말들이 유행하는 걸까요?"

"현실을 반영한 모습이 아닐까요? 중국의 한 자녀 정책은 엄친아, 엄친딸을 길러냈을 거고, 금수저나 흙수저도 무서운 속도로 발전하고 있는 중국 사회의 한 단면을 보여주죠. 말은 고정된 실체가 아니라 움직이는 변화체잖아요. 젊은 세대가 자주 쓰는 말을 잘 살펴보면 당시 시대상과 문화를 거울처럼 볼 수 있어요."

지금까지는 중국어를 공부하는 데에만 열중했지, 중국의 문화나 중국인들의 삶이 어떤지 알고자 하는 생각은 전혀 없었다. 중국에서의 비즈니스를 성공적으로 해내기 위해서는 그 땅에 살고 있는 중국인들의 생활에 깊숙이 들어가야 하는 게 당연한데도 '중국어만 배우면 된다'고 단순하게 생각하고 있었던 것이다.

"말만 배운다고 해서 중국어를 완벽히 마스터했다고 할 수는 없는 거네요."

"그렇죠. 말만 따라 하면 앵무새에 불과해요. 한 나라의 언어를 배운다는 건 그들의 문화를 배운다는 것이기도 해요. 그래서 더욱 중국과 중국인들의 삶 속으로 깊이 들어가 이해하고 공감할 필요가 있어요. 앞으로의 중국어 실력은 홍 대리님이 얼마나 그들을 이해하느냐에 따라 달라질 거예요."

"제가 당장 중국에서 살 수는 없으니 한국에서 중국 문화를 좀 더 깊이 이해할 수 있는 방법이 있을까요?"

"물론 있죠."

문 소장이 눈을 찡긋하며 대답했다. 역시 스승님이었다.

지금 가장 핫한 중국 신조어 배워보기

언어에는 한 나라의 문화가 고스란히 반영되어 있습니다. 그래서 언어를 통해 그 나라의 생활상과 가치관까지 모두 파악할 수 있죠. 중국어 역시 마찬가지입니다. 교재에 나오는 단어를 익히는 일도 중요하지만, 지금 중국 사람들이 애용하고 있는 신조어를 익히면 최근 유행하는 그들의 문화나 일상생활을 더 깊이 이해할 수 있습니다. 물론 메신저로 중국 친구들과 대화할 때에도 더 풍부하게 말해볼 수 있고요.

모르는 단어가 생기면 사전을 찾아보면 되는데, 사실 신조어는 사전에 나와 있지 않아 따로 검색을 통해 찾아보고 정리해야만 알 수 있습니다. 메신저로 대화를 하다가, 혹은 중국 드라마를 보다가 모르는 단어가 생기면 '바이두'를 통해 검색해보세요. 단어와 관련된 기사는 물론 예문까지 확인해볼 수 있답니다.

그럼, 앞에서 홍 대리가 배운 신조어를 포함해 현재 중국에서 널리 사용되고 있는 신조어 몇 가지를 추가로 알아볼까요?

수그리족	[띠토우주]
低头族 dītóuzú	때와 장소를 가리지 않고 휴대폰만 보며 고개를 숙이고 있는 사람들을 뜻하는 말

해외직구족	[하이타오주]
海淘族 hǎitáozú	해외 온라인 쇼핑몰에서 물건을 구매하는 중국인들을 일컫는 말

쇼핑 중독자	[뚜어쇼우주]
剁手族 duòshǒuzú	온라인 쇼핑을 너무 자주 해서 결제 버튼을 누르는 손을 자르고 싶을 만큼 쇼핑에 중독된 사람을 일컫는 말

| 욜로족

月光族
yuèguāngzú | [위에꽝주]
내일을 생각하지 않고 오늘을 즐기며, 매달 월급을 다 쓰며 사는 사람들을 일컫는 말 |

| 쿠폰족

抠抠族
kōukōuzú | [코우코우주]
'月光族'의 반대말로, 최대한 돈을 절약하며 쿠폰을 알뜰살뜰 모으는 소비자들을 일컫는 말 |

| 금수저

富二代
fùèrdài | [푸얼따이]
부모에게 막대한 부를 물려받아 호화 생활을 하는 재벌 2세를 일컫는 말 |

미루기 병	[밍밍삥]
明明病 míngmíngbìng	지금 해야 할 일이라는 걸 뻔히 알면서도 자꾸 내일로 미루는 행위를 일컫는 말

집순이	[자이 난]
宅女 zháinǔ	외출하지 않고 집에서 취미생활을 즐기는 여성 을 일컫는 말 (집돌이는 宅男zháinán)

대박, 짱	[빵빵따]
棒棒哒 bàngbàngdā	'최고다!' '짱이다!'라는 말을 애교 있게 말할 때 쓰는 표현

부끄부끄 **羞羞哒** xiūxiūdā	[씨우씨우따] '부끄러워!'라는 말을 애교 있게 말할 때 쓰는 표현

자격증의 노예 **证奴** zhèngnú	[쩡누] 자격증 시험에 목을 매는 사람을 일컫는 말로, '奴nú'는 '노예'라는 뜻인데 앞에 '考kǎo'를 붙 이면 '시험의 노예', '卡kǎ'를 붙이면 '카드 노 예'라는 뜻이 됨

캥거루족 **啃老族** kěnlǎozú	[컨라오주] 독립할 나이가 되었음에도 불구하고 부모와 떨어지지 않고 생계를 의탁하는 젊은 세대를 일컫는 말

19

실력 향상의 마지막 한 수, 뉴스와 라디오 듣기

핵심을 찾으면 전체가 보인다

"중국어를 잘하고 싶다면 중국의 문화에 대해 알아야 한다고 말씀드렸죠? 앞으로 중국 지사가 생기면 자주 출장을 다니실 테니 '인민망'이나 '북경청년보北京青年報' 같은 신문을 보시면 도움이 될 거예요. '바이두'나 '시나닷컴新浪(Sina.com)'과 같은 인터넷 포털 사이트에서 기사를 찾아보는 것도 좋고요. 현 시점에서 중국 사람들이 무엇에 관심을 갖는지, 중국 사회가 어떤 변화를 겪고 있는지 살펴볼 수 있을 거예요."

"그런데…… 제가 신문기사를 읽을 만한 실력이 될까요?"

"처음엔 전부 이해하지 못해도 일단은 '맥락'으로 이해해보세요. 신문을 볼 때 홍 대리님이 종사하고 있는 패션 분야라든가 우리에게 친숙한 문화면부터 읽는 것도 좋은 방법이고요. 지금도 출퇴근 시간에 중국어 공부를 하고 계시죠?"

"네, 주로 배운 걸 복습하고 있어요."

"그럼 출근이나 퇴근 시간 중 하나를 골라서 신문기사를 읽는 것도 좋겠네요."

문 소장은 휴대폰으로 중국의 신문기사를 읽는 법에 대해 알려주었다. 우선 일주일에 한두 번 관심이 있는 분야나 쉬운 기사를 캡처한 후 폴더를 만들어 저장한다. 사전을 찾지 말고 전체를 읽되 제목을 보면서 중심 내용을 파악한다. 그다음 모르는 단어는 맥락으로 이해하면서 줄거리를 파악하고, 마지막으로 그 기사에 대한 한 줄 평을 말해보거나 요약해서 정리하면 된다.

"신문기사를 읽을 때 주의해야 할 점도 있나요?"

"네, 앞서 말씀드린 대로 쉽고 관심 있는 기사부터 접근하는 것이 좋아요. 그리고 언어를 완벽하게 하려는 충동을 자제해야 해요. 제목과 중심 내용을 파악한 뒤에 모르는 단어를 찾는 것도 잊지 말아야 하고요."

문 소장은 기사를 읽으면 자연스럽게 중국 문화와 신조어, 유행어와 친해질 수 있다고 말했다. 휴대폰을 이용해 공부하는 방법 외에도 일반적인 공부법도 정리해주었다.

"중국 신문기사로 공부하는 법도 비슷해요. 우선 기사를 스크랩할 노트를 준비하고 뉴스를 모으세요. 읽어가면서 핵심 표현에 밑줄을 긋고, 꼭 외우고 싶은 표현이나 단어를 최소 열 개 이상 적어보는 거예요. 그런 다음 핵심 내용을 작성하세요."

"그런데 핵심 내용을 어떻게 알 수 있나요?"

"보통은 제목이나 끝 부분에 들어가 있는 경우가 많아요. 기사의 처음과 끝을 잘 살펴보는 연습을 하면 꽤 도움이 될 거예요. 그러다 실력이 어느 정도 향상되면 주요 내용을 요약해보세요. 지문을 눈으로 두 번 읽고 소리 내어 두 번 읽는 것을 습관화하는 것도 추천해요."

좀 더 수준을 높여서 연습하고 싶다면 중국어를 한국어로, 한국어를 중국어로 번역해 말하는 훈련을 시도해보라고 말했다.

"지금 제 실력에 비해 너무 수준이 높은 건 아닐까 걱정되네요."

"그럴 수도 있고 아닐 수도 있죠. 하지만 무엇이든 처음부터 할 수 없다고 생각해버리면 할 수 있는 일도 못하는 법이에요. 비록 잘 안 되더라도, 실패하더라도 한번 시도해보세요. 시행착오는 실패가 아니니까요."

결국 홍 대리는 수준을 더 끌어올려 공부하는 데에 동의했다. 시행착오는 실패가 아니라는 문 소장의 말에 격려를 받기도 했지만, 당장 중국에 갈 일이 또 생길 테니 어떻게 해서든 실력을 쌓고 싶은 마음이 더 컸다.

"뉴스를 읽었으니 라디오도 들어야겠죠? 라디오는 방송마다 특징이 명확한 편이라 자신의 기호에 맞는 프로그램을 찾는 게 가능해요. 하지만 현재 개설되어 있는 방송이 그리 많지 않아서 선택의

폭이 넓지는 않을 거예요."

　라디오는 거의 대부분 아나운서가 진행하기 때문에 정확한 발음을 배우기 좋다고 했다. 다듬어진 내용에 표현도 표준적이어서 상대적으로 저속한 표현에 노출되는 빈도가 낮다는 장점도 있었다. 반면, 수준에 맞지 않는 방송을 선택할 경우 쉽게 좌절하거나 포기할 수 있다는 위험도 있었다.

　"그럼 어떤 라디오 프로그램을 듣는 게 좋을까요?"

　"발음이 정확한 아나운서가 진행하는 프로그램을 선택하는 게 좋아요. 주로 늦은 밤 시간대의 프로그램 중에서 골라보세요. 분위기가 차분해서 소리가 더 잘 들릴 거예요. 듣고 따라 하면서 이해가 되지 않는 단어는 찾아보시고요. 그러다가 프로그램에 익숙해지면 점차 장르를 확대해 다양한 분야를 들어보세요."

　"정치나 경제 뉴스부터 들어보는 건 어떨까요?"

　"그것도 좋은 방법이에요. 사람 이름이나 고유명사, 전문 용어가 많이 등장해서 처음에는 알아듣기 쉽지 않겠지만, 뉴스 기사를 보면서 라디오도 함께 듣다 보면 공통적으로 겹치는 화제나 사건이 있을 거예요. 그러면 용어에도 빨리 익숙해지겠죠. 스포츠나 연예, 사회 이슈 등 이미 배경지식이 좀 있거나 본인의 관심사에 부합하는 분야부터 시작해도 좋아요. 어느 쪽이든 중국의 문화를 배울 수 있으니 내가 잘 아는 분야부터 접근해보세요."

능률이 두 배로 오르는 오프라인 모임의 장

홍 대리는 문 소장의 권유로 오프라인 중국어 스터디에도 참가했다. 살아 있는 회화를 배우고 공부를 지속하기 위해서는 장치가 필요하다는 이유 때문이었다. 인터넷 카페를 뒤져서 중국어 스터디 모임을 찾고, 연령대가 다양하고 모임이 활발한 카페를 선별했다. 카페 안에는 다양한 모임이 있었다. 그중에서도 중국 라디오 방송을 청취한 후 그 내용을 다른 사람들에게 발표하는 모임에 참가하기로 마음먹었다.

스터디를 하면서 라디오를 계속 듣다 보니, 텔레비전 뉴스에 비해 아나운서의 발음 속도가 더 빨라 듣기 실력을 높이는 데 확실히 도움이 되었다. 게다가 현재 중국에 어떤 이슈가 있는지, 사회 전반적인 분위기를 파악하기에도 좋았다. 표준 발음과 정제된 어휘를 듣고 따라 하니, 자신도 모르게 익숙해진 잘못된 발음을 교정하는 데에도 효과적이었다.

무엇보다도 중국어를 공부하는 사람들을 만나 함께 이야기를 나누어보니 동기부여를 강하게 받을 수 있었다. 잘하는 사람을 보면 부럽기도 했지만 한편으로는 더 부지런히 공부해야겠다는 의지가 생겨났다.

수요일 저녁은 중국어 오프라인 모임이 있는 날이었다. 세 번째 참석이었는데도 기대와 설렘이 가시지 않았다. 유학을 다녀오지도,

중국에서 태어나지도 않았는데 중국어를 유창하게 하는 사람들이
많았다. 한국에서 배웠는데도 이 정도 실력을 갖출 수 있다니, 자신
도 할 수 있겠다는 생각이 들었다. 발표는 다양한 주제로 이루어졌
다. 오늘 첫 번째 발표자는 음악방송을 요약해왔다.

> 朋友, 在这寂静的子夜时分, 您的老朋友姚科在今天的第一时
> 间和您相约, 让我们一起聆听回荡在我们心弦的旋律, 感受人
> 生的无尽滋味, 生命中的酸甜苦辣有我与你一同分享。
> 여러분, 이 고요한 자정 무렵, 당신의 오랜 친구 야오커가 오
> 늘의 가장 이른 시간에 여러분과 만나게 되었네요. 우리 함께
> 심금을 울리는 선율에 귀 기울이면서 인생의 무한한 묘미를
> 느껴봅시다. 제가 여러분의 삶의 희노애락을 함께 나누고자
> 합니다.

 요약을 마친 뒤 단어 몇 개를 골라 중국어와 한국어로 설명해주
었다. 중국어로 몇 가지 질문에 대해 답을 한 뒤 발표를 마쳤다. 두
번째 발표자는 뉴스였다.

> 现在是新闻和报纸摘要节目时间. 各位听众早上好, 今天是7
> 月24号, 星期一, 农历润6月初二, 北京雷阵雨, 28度到24度,
> 以下是内容提要。

지금은 뉴스와 신문기사 요약 프로 시간입니다. 청취자 여러분, 안녕하세요. 오늘은 7월 24일 월요일, 음력으로 윤6월 초이튿날입니다. 북경은 24~28도로, 천둥과 번개를 동반한 소나기가 내리고 있습니다. 다음은 간추린 소식입니다.

날씨에 관한 소식이었다. 홍 대리의 귀에 맑은 날씨만큼이나 선명하게 몇몇 단어가 들려왔다. 그동안 라디오를 통해 숱하게 들었던 날씨 뉴스라 무척 익숙했다.

'아는 만큼 들린다더니, 그 말이 맞네!'

그밖에도 영화와 중국 배우, 경제 등 다양한 주제의 발표가 이어졌다. 모임이 있을 때마다 홍 대리는 시간 가는 줄 모르고 공부에 빠져들었다. 조만간 자신도 발표를 해야 했기에 말하기 연습에 박차를 가했다. 여러 사람과 함께 공부하니 시너지 효과가 몇 배는 더 큰 것 같았다.

중국어 공부는 홍 대리의 삶에서 빼놓을 수 없을 만큼 중요한 일상이 되었다. 회사 업무 다음으로 중요한 일로 손꼽을 정도였다. 처음에는 좌충우돌 시행착오도 많이 겪었지만 포기하지 않았고, 그 결과 이제 중국어 공부를 시작한 지 어느덧 6개월 차로 접어들었다. 아마추어에서 벗어나 프로가 된 것처럼, 껍질을 깨고 나오는 병아리처럼 홍 대리의 중국어 실력이 놀랍게 달라지기 시작했다.

뉴스 기사 파헤치기

　단어를 외우고 문장을 소리 내어 발음하는 단계를 지나면, 이제 본격적으로 독해 실력을 키워야 할 때입니다. 뉴스 기사를 읽는다는 게 조금은 무리인 것 같고 어려울 것 같아 엄두가 나지 않지만, 과감하게 도전해보아야 합니다. 언어는 완벽하려는 충동을 억제해야만 실력이 느는 법이니까요.

　인민망이나 북경청년보와 같은 중국 신문이나 바이두, 신화통신新华通讯(xinhua.org)에서 제공하는 기사를 매일 한 편씩 읽어보세요. 사전을 찾으려 하지 말고, 모르는 단어는 과감히 패스하면서 읽는 겁니다. 시험용 공부가 아니라 회화 실력을 높이기 위해서는 한 문장 한 문장 정확하게 해석하는 것보다 전체적인 문맥을 파악하는 게 더 중요합니다. 신문기사를 읽으면 자연스럽게 중국의 문화와 역사, 신조어와 친해질 수도 있고요. 그럼, 신문기사 하나를 예로 들어 살펴볼까요?

• 신문기사 공부법 •

❶	노트를 준비한다.
❷	뉴스 기사를 스크랩한다.
❸	지문을 눈으로 두 번 읽고, 소리 내어 두 번 읽는다.
❹	내용상 핵심 표현에 밑줄을 긋는다.
❺	모르는 단어 및 표현을 체크하고, 중국어 단어 사전을 찾는다.
❻	핵심 내용 한 줄을 한국어로 정리한다.
❼	기사의 주요 내용을 한국어로 요약하여 정리한다.

今年暑期国人出境游最受泰国日本新加坡

2017年07月07日
来源：齐鲁晚报
记者：宋磊
通讯员：颜筱

2017年暑期到来，利用暑假带着孩子来一趟出境游，是很多家长的选择。那么，暑期出境游哪里人气最高？哪个国家成为新宠？7日，携程旅游整合3亿会员的浏览和搜索数据，并分析了业内规模领先的出境跟团游、自由行订单情况，发布《2017暑期出境游排行榜》，预计今年暑期将有超过3000万中国游客出境游，创立史新高，近6成游客将选择自由行境游，今年暑期中国游客出境游喜好又发生了变化，多个传统目的地被新兴目的地取代。泰国、日本、新加坡排在最热门出境游目的地前三名。

十大自由行热门城市		十大跟团游热门目的地	
1	曼谷	1	泰国
2	新加坡	2	日本
3	东京	3	新加坡
4	香港	4	美国
5	华盛顿	5	越南
6	普吉岛	6	印尼
7	台北	7	俄罗斯
8	吉隆坡	8	马来西亚
9	马尔代夫	9	菲律宾
10	大阪	10	阿联酋

截止到7月5日预定数据

4부 ★ 중국어 공부, 즐겁게 계속하자   311

★ 모르는 단어 및 표현

여름휴가
暑假
shǔjià

해외여행
出境游
chūjìngyóu

단체여행
跟团游
gēntuányóu

자유여행
自由行
zìyóuxíng

예측하다
预计
yùjì

넘다, 초과하다
超过
chāoguò

60% 6成 liùchéng	**관광객** 游客 yóukè
목적지 目的地 mùdìdì	**대체하다** 取代 qǔdài
태국 泰国 Tàiguó	**일본** 日本 Rìběn
싱가포르 新加坡 Xīnjiāpō	**인기 있는** 热门 rèmén

★ 핵심 내용(한 줄 정리)

올 여름 중국인이 가장 선호하는 해외여행지는 태국, 일본, 싱가포르 순이다.

★ 요약 정리(주요 내용)

올 여름 중국인의 해외여행자 수는 사상 최대치로 3000만 명을 넘어설 것으로 예상되며, 60퍼센트에 가까운 관광객이 자유여행을 선택할 것으로 예상된다. 그리고 선호하는 해외여행 목적지가 기존 전통국가에서 신흥국으로 대체되는 추세이며, 중국인이 가장 선호하는 해외여행지는 태국, 일본, 싱가포르 순으로 나타났다.

이제는 실전이다!
중국으로 진출!

소통의 기본은 서로에 대한 이해

비행기가 활주로를 달리기 시작했다. 세 번째 중국 출장길이었다. 이번에도 박 팀장이 동행했다. 그리고 한 사람 더 중국행 비행기에 몸을 실었다. 바로 사장이었다. 사장과의 동행은 처음이어서 홍 대리는 식은땀이 날 만큼 긴장했다. 그러나 사장은 권위를 세우기보다 사람을 편하게 대하는 스타일이었다. 이야깃거리도 풍부하고 유머 감각도 좋았다. 중국으로 가는 내내 사장과 이런저런 이야기를 나누며 긴장을 풀었다.

중국에 도착한 후 곧바로 미팅 장소로 향했다. 세부사항까지 꼼꼼하게 따져보며 치밀한 질문들이 오갔다. 숨 막히는 순간도 한두 번 있었지만 이미 탄탄한 신뢰를 확보한 터라 예상대로 미팅이 순조롭게 진행됐다.

미팅이 끝난 후 식사를 위해 자리를 옮겼다. 둥근 회전 식탁이 보였다. 원형 식탁은 중국 식사 문화의 상징이었다. 여러 사람이 식탁을 돌려서 음식을 덜어 먹기에 편리했다. 또한 지위에 상관없이 자유롭고 평등한 중국인들의 의식을 표현하기도 했다.

술이 먼저 나왔다. 술잔이 채워지고 '건배'를 외쳤다. 술이 몇 잔 돌자 분위기가 한층 편안해졌다. 지난번 출장 땐 말을 제대로 알아듣지 못했는데, 이번에는 단어와 단어를 연결해 대략적인 맥락을 이해하고 고개를 끄덕일 수 있었다. 바이어들을 대하는 태도도 한결 자연스러워졌고, 간단한 일상 회화 실력도 눈에 띄게 좋아져서 가벼운 대화를 나누며 술잔을 부딪칠 정도였다. 박 팀장도 몇 번이나 홍 대리를 바라보며 '잘하고 있다'는 미소를 지어 보였다. 홍 대리 또한 자신의 이런 변화에 대해 뿌듯함을 느꼈다.

음식이 여러 차례에 걸쳐 나왔다. 배가 부른데 다음 음식이 또 나왔다. 한국의 식사 시간보다 훨씬 더 긴 시간이 소요됐다. 그때 마침 사장이 앞에 있던 생선 요리를 뒤집으려고 했다. 홍 대리는 재빨리 자신의 젓가락으로 사장의 젓가락을 슬쩍 집었다. 그러고는 사장을 보며 살짝 고개를 저었다. 자연스럽게 사태를 무마하려는 홍 대리의 눈에 바이어의 붉은색 넥타이가 눈에 띄었다.

"홍 링따이 쪈 슈아이红领带真帅(붉은 넥타이가 정말 멋지십니다)."

"슬 워 아이런 쏭게이 워 더是我爱人送给我的(아내가 선물해 준 것입니다)."

"워 궈 런 예 시환 훙써我国人也喜欢红色(우리나라 사람들도 붉은색을 좋아합니다)."

때를 놓치지 않고 박 팀장이 말을 더했다.

"워 궈 여우 뚱쯜 아이 츨 훙또우쪼우, 용 훙써 펑씨엔화 란 즐지 아 더 시쑤我国有冬至爱吃红豆粥, 用红色凤仙花染指甲的习俗(동지에 팥죽이라는 붉은 죽을 먹고, 손톱에 붉은 봉선화 물을 들이는 풍속도 있죠)."

중국 사람들이 좋아하는 붉은색으로 화제를 돌려 분위기를 바꾸자마자 붉은색에 대한 이야기가 끝도 없이 쏟아졌다. 홍 대리의 눈치 빠른 행동에 사장도 그제야 알겠다는 눈짓을 보였다.

생선을 뒤집으면 안 되는 것은 중국의 '해음문화' 때문이었다. '해음'이란 발음이 같거나 비슷한 것들을 말하는데, 예를 들어 중국 사람들이 '8'자를 좋아하는 이유는 8자와 '돈을 번다'는 뜻을 지닌 '퐈차이发财'의 '퐈'와 발음이 비슷하기 때문이었다. 생선을 뒤집는 것은 중국어로 '퐌위翻鱼'라고 하는데, 여기에서 '퐌'은 배가 뒤집어진다는 것을 의미하기 때문에 '일을 그르친다'는 뜻으로 통했다. 따라서 중국 사람들은 절대로 생선을 뒤집지 않았다.

중국어만 공부하지 않고 문화도 함께 배우려고 했던 점이 크게 도움이 된 셈이었다. 중국 문화를 공부하면서부터 우리나라 사람들이 중국 사람들과 일을 할 때 힘들어하는 이유가 문화적인 관습이 달라서라는 것을 알게 되었다. 중국 사람들은 일을 제때 확인하지 않는다든가, 기념일이 끼어 있을 땐 아예 연락 두절일 때가 많은데

이는 일부러 그러는 것이 아니었다. 일하는 문화가 다르니 일에 접근하는 방법에도 차이가 있었던 것이다.

새삼 홍 대리는 얼마나 좋은 스승 밑에서 공부했는지를 깨달았다. 중국어라는 말만 잘한다고 해결되는 문제가 아니었다. 한국 사람의 기준에서 생각하고 이해했던 것들을 다르게 볼 필요가 있었다. 중국어에는 중국 사람들의 생각과 역사, 문화와 생활 습관이 모두 담겨 있었다. 중국어를 잘하려면 중국인다운 사고방식을 배우고, 중국 문화에 관심을 가져야 하는 것이 당연했다. 서로에 대한 이해가 없이는 진정한 소통이 불가능하기 때문이었다.

중국어를 배우고 중국에 다녀오면서 홍 대리는 자신이 부쩍 성장했다는 기분을 느꼈다. 게다가 최근 좋은 습관 한 가지를 더 들이게 되었다. 매일 책을 읽는 습관을 갖게 된 것이었다. 중국과 관련한 책들을 읽다 보니 어느새 손에서 책이 떠나지 않았다. 자연스럽게 독서 습관이 길러져서 소설부터 역사책까지 시간 가는 줄 모르고 책을 읽었다. 홍 대리가 특히 좋아하는 작가는 『허삼관 매혈기』의 작가 '위화余华'와 노벨 문학상 수상자 '모옌莫言'이었다.

위화의 소설에는 가난한 주인공이 많이 등장했다. 그러나 그들은 자신이 처한 비극적 현실 앞에서도 절망하지 않았다. 삶 자체를 포기하지 않고 살아가는 주인공들도 좋았지만, 소설 전체를 관통하는 작가의 따뜻한 시선이 마음에 들었다. 모옌의 『붉은 수수밭』은 영화도 찾아서 볼 만큼 감동 깊게 읽었다. 때로는 인간이 이렇게까지 잔

혹할 수 있는가 싶어 한탄을 금치 못했지만, 중국의 역사와 중국인들의 아픔, 그들의 대륙적인 기질까지 중국인들의 면모를 간접적으로나마 경험할 수 있었다.『사기』와『논어』등 중국 고전에 대한 관심도 생기기 시작했다. 이렇듯 시간 가는 줄 모르고 책에 빠져 있으면, 새벽 한두 시가 훌쩍 넘을 때도 많았다.

어머니, 아버지와 함께 중국 문화에 대한 이야기를 나눌 때도 많았다. 부모님은 벌써 다음 여행 계획을 세우는 중이었다. 중국 무대에서 대활약을 펼치는 한국인들의 기사를 읽을 때면 자신도 모르게 가슴이 뛰었다. 남의 일처럼 느껴지지 않아서였다.

'나도 언젠가 중국에서 지금보다 더 큰일을 해내고 말 테다!'

문득 '가슴 뛰는 일을 하라'는 드라마 대사가 떠올랐다. 드라마 속 대사가 아닌, 현실이 될 수도 있다는 믿음이 홍 대리의 가슴속에서 싹트기 시작했다. 홍 대리는 하루도 빠지지 않고 중국어를 공부했다. 이제는 밥을 먹고 숨을 쉬는 것보다 더 자연스러운 일과였다. 하루라도 중국어를 하지 않으면 혀에 가시가 돋을 것 같았다. 집에서는 부모님과 중국에 대해 이야기하고, 박 팀장과 둘이 있을 땐 중국어로 대화하려고 노력했다.

회사의 중국 사업 진출도 순조롭게 진행되고 있었다. 상하이, 북경, 항저우에 대규모 매장을 동시 오픈하고 백화점 입점도 결정됐다. 연말이 되기 전에 중국 지사 업무를 시작할 예정이었다. 아직 인사 발령이 나오진 않았지만, 중국 지사장으로 박 팀장이 내정되었다는 사실만큼은 확실했다. 중국 지사와 관련해 파격적인 인사가 있을 거라는 이야기가 최근 직원들 사이에서는 최고의 화제였다.

그러나 홍 대리는 들뜨지 않고 묵묵히 자신의 일을 해나갔다. 여전히 야근을 했고, 책을 읽었으며, 어머니에게 중국어를 가르쳐드렸다. 원 페이지와 학습 다이어리 작성에 소홀하지 않았고, 중국어 공부 모임에도 꾸준히 참석했다. 그리고 얼마 전에는 기념할 만한 일이 있었다. 6개월에 걸친 문 소장과의 중국어 공부가 마지막 수업을 맞이했던 것이다.

'중국어 엄마' 문 소장의 마지막 메시지

홍 대리는 약속 시간 30분 전에 카페에 도착했다. 처음 문 소장을 만났던 기억이 났다. 아버지를 통해 문 소장을 알게 된 일, 강연장을 찾아가 불쑥 사부가 되어달라고 말한 일, 멘토링을 받으며 중국어 실력이 쑥쑥 늘었던 일, 슬럼프가 찾아왔을 때 위로받은 일, 자신의 성공을 자신보다 더 기뻐해주던 일 등 지나온 삶의 성장 그래프 한가운데에 문 소장이 함께 있었다. 생각하는 것만으로도 감사의 마음이 솟구쳐서 코끝이 찡해졌다.

문 소장은 늘 그렇듯 10분 전에 도착했다. 한 번도 늦게 도착한 적이 없었다. 그 점을 배워 홍 대리도 별일이 없는 한 항상 30분 일찍 도착해 느긋하게 상대를 기다리는 습관을 키울 수 있었다. 평소에 마시던 차를 주문하고 서로의 일상적인 근황을 물었다. 그리고 바로 문 소장의 마지막 수업이 시작됐다.

"오늘은 두 가지를 말씀드리려고 해요."

"네, 뭐든 말씀만 하세요. 열심히 배우겠습니다."

문 소장은 빙긋 웃으며 홍 대리를 바라보았다. 짧다면 짧고 길다면 긴 6개월이라는 시간의 소회가 잠시 얼굴에 스쳐 지나가는 듯했다. 오늘 문 소장이 홍 대리에게 전하고 싶은 이야기는 첫날 만났을 때 이미 마음에 정해둔 것이었다.

"오늘 제가 드리고 싶은 첫 번째 이야기는 중국어를 통해 배움의 자세를 익히는 거예요. '줄탁동시啐啄同時'라는 말 들어보셨죠?"

"네, 고등학교 때 배운 사자성어예요. 병아리가 껍질을 쪼는 것을 '줄啐'이라고 하고, 어미 닭이 쪼는 것을 '탁啄'이라고 하죠? 줄과 탁이 동시에 이루어져야 부화가 된다는 뜻 아닌가요?"

"네, 맞아요. 잘 아시네요. 가장 이상적인 스승과 제자 사이를 의미하는 말이기도 하죠. 그러나 단지 스승과 제자만을 뜻하는 말은 아니라고 생각해요. 병아리는 홍 대리님입니다. 앞으로 몇 번이고 자신의 알을 깨고 나와야겠죠. 어미 닭은 세상이에요. 꿈을 향해 열정적으로 혼신의 힘을 다하면 반드시 누군가 도와줍니다. 그러니 아무리 노력해도 껍질이 깨지지 않는다는 생각이 들면 혼자 고민하지 말고 주위를 둘러보세요. 홍 대리님의 손을 잡아줄 사람이 반드시 있을 테니까요. 배움은 절대로 혼자서는 이룰 수 없습니다."

홍 대리는 천천히 고개를 끄덕였다. 말 한마디 한마디 놓치지 않으려고 주의를 집중했다.

"두 번째 이야기는 중국어를 공부할 때 말이 아니라 '사람'을 중심에 두어야 한다는 거예요. 우리가 중국어를 배우면 중국 사람들을 이해하게 되듯이, 중국 사람들도 한국어를 배우면 우리나라 사람들을 이해하게 되죠. 사람을 이해한다는 것, 그것이 언어 공부의 핵심이에요. 우리는 사람 속에서 살고, 사람과 더불어 살고, 사람과 함께 일을 해야 하니까요. 홍 대리님은 앞으로 더 큰 세상으로 나아가게 될 거예요. 중국어 공부가 홍 대리님의 인생 성장에 첫 번째 교두보가 되길 바랄게요."

문 소장의 말이 끝나고도 홍 대리는 한동안 아무 말도 할 수 없었다. 아니, 말로써 지금 이 침묵을 깨는 게 아까웠다. 몇 번이고 되새기며 문 소장의 두 가지 가르침을 가슴에 새겨 넣었다. 숨을 크게 마신 후 홍 대리는 자세를 바로 하고 격식을 갖춰 깍듯하게 인사했다.

"소장님을 만난 건 제 인생에 있어 정말로 큰 행운입니다. 정말 감사합니다! 제 중국어 스승님이 소장님이었다는 사실은 두고두고 자랑스러울 거예요."

"저야말로 홍 대리님을 만난 것이 기쁨이었어요. 함께하는 시간 동안 행복했답니다."

"종종 연락드려도 되죠?"

"물론이죠. 연락 안 주시면 오히려 섭섭할 거예요."

문 소장이 다정한 미소를 지으며 말했다. 잘할 때나 못할 때나, 기운이 뻗칠 때나 기운이 꺾였을 때나 변함없는 마음으로 든든한 버팀목이 되어준 문 소장이었다. 육신을 태어나게 해준 사람은 부모님이었지만, 정신을 재탄생시킨 사람은 문 소장이라고 생각했다. 그야말로 '중국어 엄마' 같은 사람이었다.

기회는 오직 준비된 자에게 찾아온다

문 소장을 만난 다음 날 아침, 출근을 하자마자 박 팀장이 홍 대리를 급히 불렀다.

"사장님 호출이야."

"저를요?"

"응, 나랑 같이 가면 돼."

"왜요……?"

"가보면 알아."

박 팀장은 싱글벙글 웃기만 할뿐 사장이 부른 이유를 말해주지 않았다. 홍 대리는 영문도 모른 채 박 팀장과 사장실로 향했다.

"홍 대리, 어서 오게."

사장은 홍 대리를 반갑게 맞이했다. 지난번 출장 이후 사내에서 홍 대리를 만나면 일부러 인사를 걸 만큼 사이가 가까워졌다.

"그래, 어떻게 지내나?"

"열심히 일하고 있습니다!"

"하하하, 누구보다 열심히 한다는 건 박 팀장을 통해서도 익히 듣고 있었네. 중국어 공부는 계속하고 있고?"

"이젠 저보다 잘합니다."

중간에서 박 팀장이 끼어들었다.

"아닙니다. 팀장님이야 네이티브 수준이시고, 저는 겨우 몇 마디하는 정도입니다."

"몇 마디라니. 이번 중국 진출 건은 홍 대리 자네가 큰 역할을 했네. 나도 박 팀장도 아주 든든하게 여기고 있어. 참, 그 생선 사건 말이야. 그땐 고마웠어. 하마터면 내가 분위기를 썰렁하게 만들 뻔 했지 뭔가. 내가 생선을 좋아하지 않아서 잘 먹지 않다 보니 몰랐네. 위기에서 나를 구해줬는데 여태 제대로 인사도 못했군. 조만간 자리한번 마련하지."

"감사합니다!"

박 팀장은 늘 입버릇처럼 자신이 가장 존경하는 인물이 사장이라고 말했다. 박 팀장과 사장과의 관계는 말하자면 현재 홍 대리와 박팀장의 관계였다. 실수도 많고 좌충우돌하던 박 팀장을 '카리스마박'이라고 불리는 인재로 키운 사람이 바로 사장이었다.

'그런데 사장님이 나를 왜 부르신 거지? 한담을 나누려고 부르신

건 아닐 텐데.'

홍 대리의 마음속을 읽기라도 했는지, 사장은 곧바로 본론으로 들어갔다.

"내가 왜 불렀는지 알고 있나?"

"잘 모르겠습니다."

"다음 달부터 과장으로 발령 낼 예정이야. 중국 지사로 가게. 그리고 한 가지 더, 자네가 실무 팀을 꾸려서 팀장이 되어야겠어."

"네? 승진이요? 게다가 팀장을 맡으라고요?"

파격적인 인사가 있을 거라 예상했지만 그 주인공이 설마 자신이 될 거라는 생각은 하지 못했다. 중국어를 잘하는 사람이라면 자신 말고도 사내에 얼마든지 있었다. 일을 잘하는 과장급도 수두룩했다. 그런데 이제 대리 3년차인 자신을 과장으로 승진시킨 데다가 팀장까지 맡으라 하니, 파격도 엄청난 파격이었다.

"그동안 박 팀장에게 듣기도 했지만 출장에서 내가 보고 겪은 이후에 내린 결론일세. 물론 자네보다 능력도 뛰어나고 중국어를 잘하는 사람도 있지. 하지만 내가 본 건 '홍국영'이라는 사람 자체야. 자네만큼 적극인 사람이 드물더군. 긍정적이고 겸손한 데다가 근성도 있고. 큰일을 맡길 수 있는 좋은 품성을 두루 갖췄다고 생각하네. 박 팀장이 왜 무리를 하면서까지 자네에게 6개월 안에 중국어를 배우라고 했겠나?"

'아……!'

그제야 홍 대리는 빠져 있던 퍼즐 하나가 맞춰진 것 같은 기분을 느꼈다. 중국 사업 진출을 모색하던 시기부터 박 팀장은 이미 홍 대리를 염두에 두고 있었던 것이다. '중국어 6개월 마스터'라는 말도 그냥 던진 말이 아니었다. 박 팀장은 홍 대리보다 한 걸음, 아니 세 걸음쯤 앞선 지점을 보는 사람이었다. 사람을 이끄는 박 팀장의 탁월한 능력엔 홍 대리도 두 손을 들 수밖에 없었다. 한 수 졌다는 기분마저 들어 웃음이 나올 뻔했다. 그리고 박 팀장은 그러한 그림을 사장과 함께 그리고 있었던 것이다.

"내 제안이 어떤가? 뭐, 평양감사 자리도 자기가 싫다면 어쩔 수 없으니."

"감사합니다!"

홍 대리는 큰소리로 외치며 연신 고개를 숙였다.

"호탕해서 좋네. 박 팀장 자네가 사람 하나는 기가 막히게 잘 본단 말이야. 홍 대리는 자네 팀이 되자마자 바로 찍었다고 했지?"

"네, 자기를 내세우기보다 팀을 먼저 생각하고, 무엇보다도 끈기가 있지 뭡니까. 배워야 할 부분을 툭 던지면 덥석 잘 물기도 하고요. 하지만 사람 보는 눈이야 사장님이 탁월하시죠. 저는 아직 멀었습니다."

"허허, 이거 은근히 자기 자랑 같은데?"

"눈치채셨군요."

사장은 다시 한 번 크게 웃었다. 박 팀장과 홍 대리도 함께 웃었다. 회사의 미래를 밝히는 힘찬 웃음소리였다. 사장실을 나온 후 박 팀장은 홍 대리의 등을 툭툭 쳤다. 큰일을 맡길 때 신뢰의 표시로 등을 두드리는 건 박 팀장의 습관이었다.

"내일 중으로 정식 인사 발령이 날 거야. 한바탕 폭풍우가 몰아칠 테니 각오 단단히 하라고."

"네! 알겠습니다!"

"중국에 가서도 잘 부탁한다."

"저야말로 잘 부탁드립니다, 팀장님!"

박 팀장은 또다시 홍 대리의 등을 툭툭 쳤다. 혼자 생각할 시간이 필요했던 홍 대리는 회사 옥상 정원으로 올라갔다. 힘들 때마다 올라와서 마음을 다잡던 곳이었다. 아무도 없는 정원 한가운데에 서자 비로소 서서히 올라오는 흥분이 느껴졌다. 표면에서 거품처럼 뛰는 흥분이 아니었다. 태풍의 핵 속에 있는 듯 고요하면서도 엄청난 에너지가 올라왔다.

머리 위로 끝없이 넓은 하늘이 펼쳐져 있었다. 저 하늘 너머에 새로운 기회가 펼쳐질 곳, 중국 대륙이 있을 터였다. 가슴이 벅차올라서 금방이라도 터질 것처럼 세차게 뛰었다. 드디어 중국! 대륙으로의 진출이 시작되는 것이었다.

홍 대리는 두 팔을 힘껏 위로 뻗었다. 뿌리를 내리고 줄기를 튼튼히 키운 후, 꽃을 피우고 열매를 맺은 나무의 기분을 느꼈다. 자신이 원하던 바가 이렇게 빨리 이루어질 줄은 몰랐다. 그러나 꿈은 현실이 됐다. 자신의 노력으로 수확한 값진 열매를 두 손으로 확실하게 움켜쥔 기분이 들었다. 두 팔을 더 높이 올리며 힘차게 외쳤다.

"여우 쭐 져 슬 찡 청有志者事竟成(뜻이 있는 곳에 길이 있다)!"

중국 문화 완전 정복! 해음문화 알아보기

중국에는 '해음문화'라는 독특한 언어 문화가 있습니다. 해음이란 '동음자', 즉 음이 같거나 비슷한 글자를 이용해 서로의 뜻을 연결하여 연상시키는 것을 말하는데요. 여기에서 '해'는 '조화롭다'라는 뜻 이외에 '농담하다'라는 뜻을 가지고 있어, '해음'이라 함은 '조화로운 음을 가진 단어를 가지고 놀다'라는 뜻으로도 해석할 수 있습니다.

해음은 단순한 말장난을 넘어 중국의 뿌리 깊은 전통 문화 현상 중 하나입니다. 해음이 중국 사람들의 행동 양식이나 예술, 풍습 등에 걸쳐 영향을 미쳐왔기 때문입니다. 앞서 홍 대리가 생선을 뒤집으려는 사장을 급히 말렸던 행위도 해음문화와 관련이 있는데요. 중국 사람들과 소통을 하거나 비즈니스를 하기 위해서는 필수적으로 해음문화를 이해해야 합니다.

그럼, 중국의 독특한 해음문화에 대해 더 자세히 알아볼까요?

중국에서는 새해를 맞이하여 집집마다 대문에 '복福'자를 거꾸로 붙여놓습니다. 명동이나 인천 차이나타운에 가보면 이런 광경을 종종 볼 수 있는데요. 중국에서 '복福'은 '푸fú'라고 발음하고 '복자가 거꾸로 되다倒福'는 '따오푸dào fú'라고 발음하는데, 이 말은 '복이 도착하다到福', 즉 복이 온다는 말과 발음이 같기 때문에 새해를 맞이하여 복이 많이 들어오기를 바라는 마음에서 '복'자를 뒤집어놓는다고 합니다.

몇 년 전 중국에서는 아우디 차량에 '도마뱀'을 붙이는 것이 유행한 적 있었는데, 이 역시 해음문화를 반영한 현상이라고 할 수 있습니다. '도마뱀壁虎'은 '삐후bìhǔ'라고 발음하는데, 이는 '감싸고 보호하다庇护'라는 말과 발음이 같

기 때문에 사람들은 자동차 번호판 옆에 도마뱀을 붙임으로써 자신의 차가 보호받는다고 여겼습니다.

중국에는 처음 만나 예의를 차려야 할 때 선물을 주고받는 풍습이 있습니다. 이때 반드시 피해야 할 선물이 있는데 바로 '시계'입니다.

'시계를 선물하다送钟'라는 말은 중국어로 '쏭쫑sòng zhōng'이라고 발음하는데, 이 말이 '장례를 치르다送终'라는 말과 발음이 같기 때문입니다. 시계를 보면서 죽음을 연상하는 까닭에 중국 사람들은 시계를 선물받으면 불쾌함을 느끼죠.

시계 말고도 중국에서는 '우산'과 '부채'를 선물해서도 안 됩니다. '우산雨伞'에서 '산San'은 '흩어진다', '헤어진다'라는 뜻을 가진 '산散' 자와 발음이 같기 때문입니다. 부채를 말하는 '산扇'도 마찬가지죠.

연인이나 부부 사이에서는 과일 '배'를 절대 주지 않는데요. '배梨'의 중국어 발음 '리lí'는 '이별离别'의 '이离'와 발음이 같기 때문입니다. 반면 '사과苹果'는 '핑궈píngguǒ'라고 해서 '평화平安'를 뜻하는 '핑píng'과 발음이 같기 때문에 환영받는 선물입니다.

그밖에도 중국에서는 '귤桔子' 선물도 인기가 높습니다. 귤의 중국어 발음 '쥐즈júzi'에 '길하다吉'라는 뜻을 지닌 '길jí' 자가 들어 있어서 선물받는 상대에게 행운이 깃들기 바라는 마음을 의미합니다. 또 중국어로 '술酒'은 '지우jiǔ'라고 발음하는데 이는 '오래되다久'라는 말과 발음이 같아서, 술을 선물한다는 것은 좋은 관계를 오래 지속하고 싶다는 의미를 갖고 있습니다.

중국어의 해음문화는 브랜드 이름에서도 찾아볼 수 있습니다. 중국에서는 다국적 기업 브랜드의 원래 발음을 자신들의 방식으로 바꾸어 사용하고 있는데요. 원래 발음에 가까우면서도 뜻도 좋은 글자를 선택해서, 발음상으로나 해석상으로나 참신하게 만든 것입니다.

우리가 잘 아는 브랜드를 몇 가지 소개해볼까요? 먼저 '이마트易买得'는 '이마이더Yìmǎidé'라고 읽는데, '쉽게易 사서买 득을 얻는다得'라는 의미를 담고 있어 음역을 사용하는 한편 한자의 의미도 잘 나타내주는 단어로 손꼽힙니다. '까르푸家乐福'는 '찌아러푸Jiālèfú'라고 읽으며 '가정에 즐거움과 복을 가져다준다'는 의미로 사용되고 있습니다. 자동차 브랜드 'BMW宝马'는 '바오마Bǎomǎ'라고 읽으며, 알파벳 B와 M의 발음을 공유하고 있습니다. 의미를 살펴보면 '宝'는 '보물宝物'이라는 단어로 고급스러운 의미를 나타내고, '马'는 운송수단이라는 의미를 내포하고 있죠. '벤츠奔驰'는 '뻔츨Bēnchí'이라고 읽으며, 두 한자 모두 '수레와 말 등이 빨리 질주하다'라는 뜻으로써 역동성과 속도감이 연상됩니다.

'코카콜라可口可乐'는 '커커우커러Kěkǒukělè'라고 읽으며 '맛이 좋고 즐거워진다'라는 의미를 담고 있습니다. 중국에 진출한 다국적 기업의 중국식 이름 가운데 가장 성공한 사례로 손꼽히고 있죠. 커커우러러는 코카콜라와 발음이 흡사할 뿐만 아니라 중국어로 번역했을 때의 뜻도 제품의 이미지와 잘 어울려 중국 소비자들에게 쉽고 친숙하게 다가갔 습니다.

소중한 나의 통쉐들, 잘 지내고 있나요?

온라인 강의를 시작하기 전, 강의실에서 학생들과 만났을 때의 일입니다. 왜 중국어 공부를 시작하느냐고 물으니 이유가 저마다 무척 달랐습니다. '취직에 도움이 되니까' '유학을 가고 싶어서' '중국에서 사업을 하고 싶어서' 등 정말 다양한 대답이 나왔죠.

대부분 성인들이 모인 반에 간혹 어린 친구가 오기도 했는데, 자발적이라기보다는 '엄마의 등쌀에 밀려서' 오는 경우가 많았습니다. 정우도 그런 친구 중 하나였습니다. 초등학교 6학년이었는데 누나를 따라 억지로 학원에 왔죠. 수업 시간에도 만화책만 보고 있었어요. 저도 선생인지라 안쓰러우면서도 고민이 됐습니다. 다그치는 대신, 아주 쉬운 문제만 내고 하나만 맞춰도 폭풍 칭찬을 하며 조금씩 다가갔습니다. 그리고 어느 날 '나의 꿈'이라는 주제로 중국어 작문을 하고 발표하는 시간이 있었습니다. 정우의 차례가 되었죠.

"사실 저는 중국어를 좋아하지 않습니다. 내가 중국어를 배우는 이유는 엄마가 강요해서입니다. 나의 꿈은 통번역사입니다. 왜냐하면 통번역사는 돈을 많이 벌 수 있기 때문입니다."

간단명료한 문장이었지만 초등학생이 중국어로 이 정도 문장까지 쓰고 말한다는 건 대단한 일이었습니다. 게다가 자신의 생각과 느낌을 꾸밈없이 솔직하게 썼으니 더욱 칭찬할 만한 일이었죠. 강의실에서도 박수가 쏟아져 나왔습니다. 지금도 정우를 떠올리면 저도 모르게 엄마 미소가 지어지곤 합니다. 통번역사가 되어 진짜로 돈을 많이 벌었는지도 궁금하기도 하고요.

누가 학생으로 오든 만남이 깊어지면 '인연'이 됩니다. 생각해보면 굉장한 인연이죠. 이 시각 이 장소에서 우리가 만난다는 것이 말입니다. 몇 달씩 함께 공부하다 보면 내가 가르치고 그들이 배우는 '선생과 학생'의 관계가 아니라, 함께 성장하고 자라나는 '동문'의 연대감이 생겨납니다.

중국어로 '통쉐同学'는 우리말로 '동문' '학우'라는 뜻입니다. 지금도 제 강의일지를 보면 열심히 중국어를 배우던 통쉐들의 이름이 빼곡하게 적혀 있습니다. 학생들을 잘 기억하기 위해 이름 옆에 그들의 생김새나 특징, 혹은 강의를 듣는 이유도 써놓았죠.

그래서 지금도 학생들의 이름을 들으면 '강의실 어느 자리에 앉아 수업을 듣던 누구' '머리가 길고 빨간 안경을 쓴 누구'라고 떠올리게 됩니다. 새로운 사람을 만나도 예전에 제 강의를 듣던 누군가와 닮았다는 생각이 들 정도죠. 그만큼 잊지 못할 퉁쉐들이 정말 많습니다.

평생 농사를 짓고 자녀를 키우다가 60대 초반에 아파트 경비원으로 재취업하신 분이 계셨습니다. 어렵게 일하며 번 돈을 아끼고 아껴, 북경에서 대학 공부까지 하고 오신 분이었지요. 제 수업을 들은 후 그토록 원하던 시험에도 합격하시고, 방송통신대 중문과에 진학해 배움을 계속하셨습니다. 지금도 수시로 제게 좋은 말씀을 해주시고 계셔서 제가 삶의 스승으로 모시고 있습니다. 윤형근 퉁쉐님은 제게 배움 앞에 서는 나이가 아무런 문제가 아니라는 것을 알려주신 분입니다.

또 한 명의 잊지 못할 퉁쉐가 있습니다. 20대 초반이었던 현희는 저녁반 수업에 들어왔는데, 언제나 일찍 와서 맨 앞자리에 앉아 있었습니다. 그게 하도 신통방통해서 집이 어디냐고 물어보았습니다.

"인천이에요. 멀어서 늦으면 안 되니까 일부러 일찍 나와요. 선생님 수업 정말 좋아요."

얼굴까지 붉히며 말하는 현희가 어찌나 사랑스럽던지요. 저도 현희를 위해 더 열심히 힘을 내어 가르쳤습니다. 부모님의 사랑을 듬뿍 받으며 구김살 없이 자란 것 같은 그녀가 제 눈에는 귀엽기만 했습니다.

이후 구HSK 8급을 취득한 뒤, 8급 합격생 초청 특강을 진행했을 때였습니다. 현희가 자신의 이야기를 들려주었습니다.

사실 그때 현희는 갑상선 기능항진증을 앓고 있었습니다. 몸이 약했지만 해외에 나가 있는 언니 대신 어머니를 돌봐야 했죠. 현희의 어머니는 폐암 투병 중이셔서 합병증이 생길까 봐 늘 신경을 써야 했습니다. 집안일은 물론 병수발도 모두 현희의 몫이었습니다. 멀리 인천에서 서울까지 중국어 수업을 들으러 오는 게 힘들 법도 했지만, 수업 시간이 너무 행복하다고 말했습니다.

"이 시간만큼은 집 걱정, 건강 걱정 다 내려놓고 중국어의 세계에만 빠져들 수 있어서 좋아요. 제게 중국어 수업 시간은 힐링 타임이에요. 그래서 오는 길이 하나도 힘들지 않아요."

구HSK 8급을 취득했을 때에도 어머니가 무척 기뻐하셨다고 말했습니다. 자연스럽게 고등 HSK를 준비하고 시험을 봤죠. 그런데 어머니가 합병증으로 그만 돌아가시고 말았습니다.

"엄마가 돌아가신 이후에 합격증을 받았어요. 이걸 봤다면 엄마가 정말 좋아하셨을 거예요."

현희의 이야기에 강의실은 온통 눈물바다가 되었습니다. 한동안 침묵 속에 먹먹해 있던 우리는 현희에게 우레와 같은 박수를 보내주었습니다. 분명 하늘에 계신 현희 어머니께도 닿을 만큼 큰 박수 소리였습니다.

삶에서 웃음과 감동을 주었던 통쉐들도 잊지 못하지만, 중국어를 배워 자기 분야에서 성공한 통쉐들의 모습도 제겐 커다란 기쁨입니다. 한번은 '문쌤의 피해자'라는 분이 학원을 찾아온 적이 있었습니다. 열심히 가르친 죄밖에 없는데 저로 인해 피해를 입으셨다니, 무척 당황스러웠지요. 새벽반 수업에 등록하신 중년의 신사분이셨는데, 사연을 듣고 보니 정말 피해자라는 말이 나올 법도 했더군요.

통일부에서 근무하셨던 이분은 1년에 딱 한 명만 뽑는다는 중국 유학의 기회를 번번이 다른 사람에게 밀려 포기했다고 했습니다. 그것도 2년 연속으로요. 그런데 알고 보니 그 두 명이 모두 제게 중국어를 배웠던 분이었다고 했습니다. 2년 늦게 저를 찾아온 대가가 너무 크다며, 이번에도 밀리기 전에 기필코 1등을 하겠다고 전의를 불태우셨습니다. 결국 이분은 높은 점수로 1등을 해 가족과 함께 중국행 비행기에 몸을 실었습니다.

지금도 저는 수강생들에게 중국어를 배우는 이유에 대해 물어보곤 합니다. 그리고 저마다의 목표를 이루기 위해 어떻게 하면 제가 더 쉽고 재미있게, 올바르게 가르쳐드릴 수 있을지 고민합니다. 목표가 무엇이 됐든 모든 사람이 중국어를 통해 더 나은 미래를 꿈꿀 수 있게 되었으면 좋겠습니다. 물론 이 책을 읽으신 독자 여러분들도 중국어의 재미를 깨닫고, 이루고자 하는 일에 한걸음 더 바짝 다가가시길 두 손 모아 바랍니다.

제게 진정한 가르침의 길과 인생의 지혜를 알게 해주신 수많은 통쉐 님들! 중국어를 배웠던 그때처럼, 지금도 각자의 자리에서 최선을 다하며 지내고 계신가요? 정말 많이 보고 싶습니다. 그리고 진심으로 감사합니다!

중국어 천재가 된 홍 대리

초판 1쇄 발행 2018년 1월 23일
초판 2쇄 발행 2018년 2월 13일

지은이 문정아
펴낸이 김선식

경영총괄 김은영
기획편집 임보윤 **디자인** 이주연 **책임마케터** 최혜령, 이승민
콘텐츠개발1팀장 한보라 **콘텐츠개발1팀** 임보윤, 이주연, 박인애, 전은혜
마케팅본부 이주화, 정명찬, 최혜령, 이고은, 이승민, 김은지, 배시영, 유미정, 기명리
전략기획팀 김상윤
저작권팀 최하나
경영관리팀 허대우, 권송이, 윤이경, 임해랑, 김재경, 한유현
외부스태프 일러스트 최광렬 조판 김연정

펴낸곳 다산북스 **출판등록** 2005년 12월 23일 제313-2005-00277호
주소 경기도 파주시 회동길 357 3층
전화 02-702-1724(기획편집) 02-6217-1726(마케팅) 02-704-1724(경영관리)
팩스 02-703-2219 **이메일** dasanbooks@dasanbooks.com
홈페이지 www.dasanbooks.com **블로그** blog.naver.com/dasan_books
종이 (주)한솔피엔에스 **출력·인쇄** (주)갑우문화사

ISBN 979-11-306-1560-8 (03190)

다산북스(DASANBOOKS)는 독자 여러분의 책에 관한 아이디어와 원고 투고를 기쁜 마음으로 기다리고 있습니다.
책 출간을 원하는 아이디어가 있으신 분은 이메일 dasanbooks@dasanbooks.com 또는 다산북스 홈페이지 '투고원
고'란으로 간단한 개요와 취지, 연락처 등을 보내주세요. 머뭇거리지 말고 문을 두드리세요.